青春文庫

お金に強い人の「値段」の見方

その数字には、理由がある

ライフ・リサーチ・プロジェクト［編］

青春出版社

はじめに

日本経済は、バブル経済の崩壊以降、約30年間におよんだ「準デフレ状態」をようやく脱しかけているようです。横ばい・下落傾向だった物価、金利などが上向きに転じたのです。

むろん、こうした潮目にこそ、「お金と経済」に関する知識をしっかり蓄えておきたいもの。少なくとも基本的な知識を身につけておかなければ、いい波が来ても乗ることはできませんし、思わぬ高波から身を守ることもできません。

そこで、おすすめしたいのが、お金と経済をめぐる知識を満載したこの本。マクロ経済の基礎知識から、さまざまなモノの原価や職業別の〝ふところ事情〟まで、役に立ち、また人に話したくなるようなお金をめぐる裏事情やウンチク話を多数紹介しました。というわけで、2時間で「お金と経済の今」がわかるこの本。あなたも、この本で、お金と経済に強い人になって、久方ぶりの日本経済の節目にうまく対処してください。

２０２４年６月

ライフ・リサーチ・プロジェクト

お金に強い人の「値段」の見方＊目次

Step 1 「商売」はお金から見るとよくわかる！……11

Step 2 そのお金、誰が払う？　どうやって決まる？

Step 3 あのお金をめぐる謎を追え！

Step 4 そのお金、一体いくら？……119

Step 5 あの「人」の財布の中身を拝見します！…………139

■カバー・本文イラスト　AdobeStock
■DTP　フジマックオフィス

Step 1

「商売」はお金から見るとよくわかる！

Understand Prices, Understand the Economy

こんなにもポイント制の店が増えたのはなぜ？

近年、小売店では、ポイントカードの発行が当たり前のようになってきている。スーパー、コンビニ、ドラッグストア、家電量販店などのカードで、財布が丸くふくらんでいるという人は少なくないだろう。また、ポイントカードのスマホアプリ化も進んでいる。

ポイントカードは、買った金額の一定割合のポイントをもらえ、後に値引きに使えるという仕組み。たとえば、１００円で1ポイントがもらえる場合、1万円の買い物をすれば１００ポイントがつき、次回の買い物で１００円分値引きしてもらうことができる。時間差のあるキャッシュバック・システムといっていい。

この「時間差」というところに、店舗側の狙いがひそんでいる。ポイントをゲットしたお客は、そのポイントを消化しようと、同じ店を訪れる。そのため、ポイントカードは、お客をつなぎとめるためのツールとして役立っているのだ。

とりわけ、ポイントカードは、家電量販店で威力を発揮してきた。テレビやパソコン、冷蔵庫などは値が張る商品だ。時には何十万円もの買い物をすることがある。大きな買い物をすれば、その分多めのポイントがつくので、お客は「貯まったポイントを使わないと損だな」と考える。そうして、同系列の店舗の顧客化をしていくのである。

というわけで、ポイントカードは、お客をリピーター化するために、ひじょうに有効なシステムであり、ここまで多くの店舗が発行するようになったのだ。

ドン・キホーテ以外にも「段ボール陳列」の店が増えたのは？

ディスカウントストアのドン・キホーテの名物といえば、梱包用の段ボール箱に商品を入れたまま、陳列する方法。この手法は、段ボール箱をカットして使うところから、小売業界では「段ボールカット陳列」と呼ばれてきた。今では、ドン・キホーテ以外のディスカウントストアやドラッグストアでも、この段ボールカット陳列が多用されている。段ボール箱をそのまま使うのは、むろん「手間をカットして、コストを抑える」ため。商品を棚に移しかえる手間を省けるため、人件費や什器《じゅうき》費用を抑えられ、その分、値段を下げることができるというわけだ。

そして、もうひとつの大きな効用は、陳列に手間をかけていないことをあえて示すことで、値段の安さを視覚的にアピールできる点だ。梱包用の箱をそのまま使う＝コストカットしていると、お客の視覚に強く訴え、実際の値引き以上に「安い」と思わせる効果があるのだ。

また、梱包用の箱をそのまま使うと、「たった今、入荷したばかり」という新鮮なイメージを演出できる。その点でも、お客に「お買い得品」と思わせることができるのだ。

近ごろ、〝ガラス張り〟の店が増えているのはどうして？

飲食店には、調理場の様子が店外からも見える店舗がある。調理場を「ガラス張り」にして、食べ物を作る様子が外からも見えるようにしているのだ。たとえば、蕎麦店には蕎麦を打つ人の姿、パン店にはパン生地をこねる人の姿が、通りがかりの人からでもよく見えるのだ。

もちろん、それは、食べ物を作る職人の手際をより多くの人に見てもらうため。その手際のよさを見せることで、視覚情報からお客の食欲を刺激しているのだ。通行する人は、その手際を目にすると、食欲が湧き、「食べたい」「買いたい」という気持ちになるというわけだ。

また、食べ物を作るプロセスを見せることには、お客を安心させる効果もある。たとえば、寿司店では、昔から職人の作業がカウンター越しに見えるようになっているが、もしその様子が見えない寿司店があったらどうだろうか。調理場の衛生面は大丈夫か、新鮮なネタを使っているのか、と不安になりはしないだろうか。お客に作るプロセスを見せることは、そういう不安を打ち消すのにも、役立っているのだ。

むろん、そうした安心感もまた、お客の食欲を引き出し、飲食店の売上を伸ばすことにつながっていく。

インフレと「器の大きさ」の関係とは？

2023年あたりから、物価が右肩上がりとなっているが、そのなか、いわゆる「ステルス値上げ」されている商品も多数現れている。

ステルス値上げは、目に見えにくい値上げのこと。たとえば、お菓子や漬物などは、パッケージの大きさは同じでも中身は微妙に減っていて、実質的には値上げされていることがあるのだ。そうした値上げには、消費者が気づきにくいことから、レーダーでは発見しにくいステルス戦闘機にかけて、「ステルス値上げ」と呼ばれている。

そうしたステルス値上げは、小売店だけでなく、飲食店でも行われている。たとえば、天丼の場合なら、以前よりも、ネタが微妙に小さくなっているかもしれない。ネタが丼からはみ出すほどに盛られている場合でも、すぐには安心できない。じつは、天ぷらは小さくなっているのだが、丼のほうも一回り小さい丼に変わっているため、以前と変わらず、はみ出すほどに盛られていると見える場合があるのだ。天ぷらの量を減らしても、小さめの丼に盛れば、相変わらず大盛りに見えるというわけだ。

この手法は、じっさい、丼物の店や駅の立ち食いそば店などで用いられてきた。丼を小さくしたり、底の浅い丼を使って、料理があふれんばかりに入っているように演出されてきたのだ。

コーヒー1杯の原価はいくらぐらい？

日本に、コーヒー１杯１００円程度（今はレギュラーサイズでも１２０円が主流）のコンビニコーヒーが出現して久しい。一方、街中の喫茶店やコーヒーチェーン店では４００～６００円はする。有名ホテルのラウンジやコーヒー専門店には、１杯１０００円という店もあって、その値段はまちまちだ。一体コーヒー１杯の原価はいくらくらいなのだろうか？

まず、原材料となるコーヒー豆は、輸入品のため、世界的なコーヒー相場や外国為替の変動に影響される。それでも、輸入業者によれば、モカとコロンビアのブレンドの場合、コーヒー豆100グラムから10杯のコーヒーが入れられるので、そこから計算すると、コーヒー1杯の原価は、せいぜい30〜50円程度だという。これに、砂糖とミルクの原価10円を加えたとしても、コーヒー1杯の原価は60円でおさまることになる。

ところが、これに、人件費や家賃（テナント料）、食器類、水道料金や光熱費を価格に組み込むと、コーヒー1杯が何百円にもなってしまうのだ。

とくに、繁華街は家賃が高いため、コーヒー1杯500円でも経営は苦しく、閉店に追い込まれる店が増えている。大手のコーヒーショップ以外は、よほど立地条件がよいか、コーヒーがおいしいか、他に評判のメニューがあるかといった特長がなければ、生き残れない時代になっている。

また、有名ホテルでは、快適な空間を作り出すための設備費やスタッフの教育費などが、コーヒーの値段に含まれているといっていい。そのコストに底上げされて、コーヒー1杯が1000円にもなってしまうのである。

その一方で、コーヒー豆自体の原価は安いので、周辺コストを徹底的に削り、大量に売れるコンビニコーヒーは、1杯120円でも利益が出るのだ。

住宅の原価の正しい見方とは？

人生最大の買い物であることが多い一戸建て住宅。注文建築の場合は、家を建てたい人（施主）が、工務店や住宅メーカーに建てたい住宅のイメージを伝え、できあがった設計図をもとに見積もりを出してもらう。

届いた見積書には、まず仮設工事や基礎工事、組立工事、屋根工事、板金工事など、各部分の工費の見積もりが記されている。さらに次のページには、建築部材それぞれの値段、数量などの詳しい内訳などが書かれている。しかし、その見積書には、「メーカー・マージン」とか、「工務店マージン」という項目はまず見当たらないはずだ。

じつは、一戸建て住宅の場合、見積書に書かれた各工費やそれぞれの部材に、メーカーや工務店のマージンが上乗せされている。その利益率は、工務店の場合、総工費の25％程度といわれる。たとえば、総工費２０００万円の住宅で、工務店のマージンは約５００万円ということになる。

　一方、住宅メーカーの場合は、一般に利益率は30％といわれている。工務店に比べて5％ほど高いのは、営業経費や事務所維持費、独自の建築基準に合わせた検査費など、工務店に比べて、よぶんのコストがかかっているからである。

　また、工務店やメーカーでは、そのマージンの乗せ方を工夫している。たとえば、屋根工事の見積もりを比較して、「屋根だけは近所の瓦屋に頼む」などといわれたら、ひじょうに面倒なことになる。そこで、屋根工事のマージンを削ってでも、街の瓦専門店と同じ程度に安くしておき、素人が相場を知りようもない工費や部材に大幅なマージンを上乗せすることで、埋め合わせをするのである。

　さらに、最近、セールスポイントとなっている耐震構造や耐火構造の部分は、原価ギリギリに見積もることで、「最新の耐震構造を他社よりもお安く提供しています」とＰＲに使う。その裏で、やはり、素人が相場を知りえない部材などに割高の値段をつけて埋め合わせる。

施主にとっては、総額でいくらになるかが問題で、細かな項目に大幅なマージンが加えられていても、いちいちチェックしてクレームをつける人はめったにいないため、こうした手法が通用している。

Tシャツの原価率はどうなっている？

Tシャツは、今や日本の〝国民服〟といってもいいだろう。若者にとっては欠かすことのできないオシャレ・アイテムであり、その一方で、Tシャツは気軽に着られる便利な作業着にもなる。

そのため、一口にTシャツといっても、安価なものから、キャラクターつき、ブランド品などの高価なものまでさまざまなタイプがあり、その原価率はモノによって大きく違う。同じショップのTシャツでも、モノによって、原価率にこれほど大きな開きのある商品は珍しいといわれる。

たとえば、あるショップで、製造代理店から仕入れているアニメのキャラクター

Tシャツは、仕入れ価格が2500円に対して、店頭価格は3800円。原価率は約66％で、1枚につき1300円の儲けなのに対して、1枚1000円で売る格安のTシャツは、仕入れ価格が200円ほどで、原価率は20％と低く抑えられているのである。

また、輸入代理店から仕入れている外国製Tシャツは、仕入れ価格が2200円で、店頭価格は5400円。原価率は40％でも1枚売れれば3200円の儲けになる。もっとも、輸入モノはドルと円の為替レートの影響を受ける。円高になれば輸入額は安くなり、原価を抑えられるが、反対に円安になれば、儲けがどんどん減っていく。

なかには、1枚1万3000円もするオーダーメイドのTシャツもある。高品質の生地代と縫製代が6500円。原価率は50％だが、1枚売れれば6500円という大きな利益を得られる。

というような事情なので、Tシャツ販売で儲けようと思えば、利益幅の大きいオリジナルTシャツを商品開発し、いかにヒット商品を出すかにかかっているといわれる。

居酒屋の本当に〝おいしい〟メニューとは？

仕事帰りに、飲んで食べて、1人2000〜3000円程度ですむ居酒屋。おつまみの値段は、全体的に安めに設定されているが、とりわけ唐揚げや肉じゃが、揚げだし豆腐といった定番メニューは、他店と比較されやすいので、高値をつけられない。一括大量仕入れによって仕入れ値を抑えても、定番メニューのなかには刺身の盛り合わせのように原価率が60％前後にものぼることがあるという。

通常、飲食店の適正原価は30％程度とされるので、そんなに高い原価率でやっていけるのかと思う人もいるだろうが、もちろん、他の商品でその埋め合わせがされている。居酒屋にとって、原価率の低い〝おいしい〟メニューは、麺類やサラダである。たとえば、焼きそばや焼きうどん、茶そば、それに大根のシャキシャキサラダやトマトサラダといったサラダ類は、原価数十円程度。それに300〜500円の値段がつけられ、原価率10〜20％と利幅が大きく設定されている。居酒屋のメニューで麺類やサラダ類が目立つように工夫されているとすれば、そのためでもある。

また、麺類やサラダ以上に稼いでくれるのが、飲み物。たとえば、1杯400円の〝焼酎〟の原価は50~70円程度。粗利は300円以上になる。サワーやウーロンハイなども原価50~70円でできるので、400円の値段をつければ、1杯分の粗利は300円以上となる。

だから、居酒屋にとっての上客は、定番メニューをあまり頼まず、サラダと麺類が好きで、アルコール類をがんがん飲んでくれるお客なのである。

ホテル一室あたりの原価はズバリどうなっている?

景気が上向くと、あちこちにシティホテルが建設される。インバウンド需要もあり、今も東京などの大都市を中心に大型ホテルが次々とお目見えしている。

シティホテルを建てるには、広い土地が必要だし、建設費も巨額にのぼる。それでも、客室利用率が80%を超え、パーティーや会合の開催も多ければ、その利益は大きい。建物の償却は10年程度ですみ、その間に、土地の値段が上がれば、含み資産は増える一方となる。

回転率のいいシティホテルでは、一室あたりの利益率は70％を超えるといわれる。たとえば、1泊3万円のツインルームで、利益は2万1000円の計算になる。タオルや石けん、シャンプーなどのアメニティグッズに光熱費、人件費を加えても、一室あたり9000円の原価しかかかっていないのだ。

ところが、不景気になって客室の利用率が下がると、相対的に〝原価〟は跳ね上がる。たとえば、利用率が30％に落ちると、利益率は50％にまで落ち込む。つまり、1泊3万円の部屋で、利益は1万5000円にしかならない。

それでも、シティホテルの中には、顧客企業の関係者などが宿泊するときには、50％もの割引に応じているところもある。利益率が50％なのに、そこから50％も割引をすれば、利益はゼロになる。その代わり、レストランやラウンジの利用を見込んで、思い切った割引サービスを実施しているのである。また、顧客企業にそうしてサービスすることで、今後、パーティーや会合の会場として使ってもらおうという思惑もある。一般に、不景気になって客室利用率が下がったときのシティホテルの利益は、客室よりも、レストランやラウンジ、さらにはパーティーのほうが大きいといわれている。

生花店の経営を難しくするものとは？

「プレゼントに花でも」と見栄えよく華やかな花束をアレンジしてもらったら、予想外に高くついたという経験のある人は多いだろう。

一般の生花店で、花の売値は仕入れ値の2〜3倍。粗利は5〜7割というのが、普通である。野菜や果物の粗利が3割程度なのに比べて、花は利益率の高い商品といえる。

といえば、「花屋はそんなに儲かるのか」と思う人もいるだろう。しかし、現実には、生花店は粗利7割でも厳しい商売といわれる。

まず、仕入れた花には、〝欠陥商品〟が少なくない。花びらが欠けていたり、花の近くの葉が落ちていたりすれば、売りものにはならない。通常、そうした欠陥品が、仕入れ品の1～2割は混じっている。そういう花は、通常価格より値引きして売るしかない。

また、花は、生活必需品ではないので、時期によって売れ行きに大きな違いが生じる。

景気変動にも敏感な商品で、不況になると売上が激減するのだが、そうかといって、十分な仕入れをしないと、店頭が寂しくなって、よけいに客が寄りつかなくなってしまう。

そのため、一般的な生花店では、仕入れた花の半分が売れ残ると計算して、粗利を高めに設定している。たとえば、10万円分の仕入れをして、3倍の売値で半分売れたとすると、売上は15万円。粗利は5万円ということになる。そこから、家賃、人件費、光熱・水道費などを捻出しなければならないのだ。

近年、都会のスーパーで、数本の花を束ねただけの安い花束が売られている。家庭の主婦や一人暮らしの女性などに人気が高いが、ひとつ300円前後の安値で提供できるのは、生花市場を通さず、農家から直接買い付け、さらによぶんなコストをカットしているからである。

手作りパンのコストを左右しているものは？

近年、店舗内の窯で焼き上げる手作りパンの人気が高まっている。脱サラをした人や、パン作りが趣味だったという主婦が開業し、安全でおいしいパン屋として、街の人気ショップになっている店もある。

そんな手作りパンの原価は、おおむね30％前後。1個250円のパンで、原価は75円前後である。

パンの原材料になるのは、小麦粉をはじめ、小麦粒やライ麦粒、イースト（酵母）やタマゴ、牛乳、砂糖、塩、油脂類など。菓子パンやデニッシュは、あんこやジャム、フルーツやナッツなどを使うため、原価は上がる。さらに、これらの原材料をすべて国産のオーガニックで揃えようと思えば、原価はひじょうに高くなってしまう。

そこで、「国産小麦」を売りにしているパン屋にも、現実には、輸入モノと国産モノをブレンドしているところがある。そのうち、輸入モノは、輸送期間が長くなるので、小麦につく粉虫を駆除するための、農薬使用を避けられない。そうかといって、国産100％にこだわると、コストが割高になってしまう。

また、同じように「天然酵母」を売りにしていても、工場で大量生産される天然酵母と、無農薬の玄米を無農薬の米麹で発酵させるなどして手作りする自家製酵母とでは、やはりコストに大きな差がでる。さらに、ドライフルーツや果物、タマゴなどにもこだわれば、原価はいよいよ高くなる。ただし、立地条件によっては、相当高い値付けをしても、そうした原材料へのこだわりを評価されて、かえって人気店になることもある。

ただ一般的に、手作りパン屋の場合、原価率を30％以下に抑え、かつほとんど売り切らなければ、経営の維持は難しいといわれる。というのは、設備費として、事前に相当な額の投資が必要だからである。石窯焼きなど厨房設備にこだわると、設備費だけで1000万円近くかかることになるし、店の内装や什器、備品などの雰囲気づくりも重要だ。アルバイトを雇えば人件費、さらに店の賃貸料も必要になるからだ。

ショートケーキは、実際いくらでつくれる？

たとえば、ケーキ専門店で1個５００円で売られているショートケーキの原価は、いくらくらいなのだろう？　都内のある専門店のオーナーにこっそり尋ねたところ、「1個１２０円ぐらいですね」という答えが返ってきた。原価率にすれば24％である。

ショートケーキの原料は、小麦粉に砂糖、タマゴ、バター、生クリーム、イチゴなど。このうち、小麦粉は輸入物か国産かで仕入れ値は違うし、タマゴやイチゴも、品質にどれだけこだわるかによって値段が違ってくる。さらに、タマゴの量をどれくらい使うかによっても、原価は変わってくる。

じっさい、小麦粉を増やして、タマゴの量を減らせば、原価を低く抑えられる。しかし、それでは、スポンジがパサついてしまうので、食感をなめらかにしようと思えば、タマゴを増やし、小麦粉の割合を減らさなければならない。さらに、タマゴの量を増やしても、全卵のまま機械でかき混ぜるのと、黄身と白身に分け別々に丁寧にかき混ぜるのとでは、味や食感が変わってくる。

それでも、おいしいと言われる専門店のショートケーキでも、前述したように材料費は120円ほど。売値500円のショートケーキには、職人の手間賃、光熱費などの製造費、利益分などがのせられているというわけだ。

なお、ケーキ店がもっとも儲かるのは、売値が3000〜5000円のデコレーションケーキ。原価400〜500円で作れるので、その10倍近くの値段で売れるクリスマスの時期は、ケーキ店にとって経営状態さえ左右する最大の稼ぎどきになる。

ラーメンの価格があがる裏事情とは？

今や日本を代表する〝食〟のひとつとなったラーメン。日本を訪れる外国人観光客にも人気だ。しょうゆ、とんこつ、塩、しょうゆとんこつ、みそと、日本全国どこでも食べられるラーメンだが、その味もいろいろなら、味のレベルもさまざま。

「うまいっ！」と思わずうなりたくなる店もあれば、丼をひっくり返して席を立ちたくなるほど、マズイ店もあるものだ。

その原価も、店によってじつにさまざまである。まず原価を大きく左右するのは、スープにどれだけのコストと手間をかけるか。店主の調理センスにもむろん左右されるが、一般にスープは金と手間をかけたほどうまくなる。つまり、うまいラーメンほど、原価がかかっている。

スープの素材となる豚ガラ、トリガラ、昆布、にぼし、削り節、野菜などの値段は、時期によって変動するが、1杯分で平均50〜60円程度。味で客を集めている人気店には、1杯80〜100円もかけている店もある。このスープに加えて、麺が50〜70円で、トッピングはモヤシやネギやチャーシュー、メンマなどをのせて、ざっと50〜100円になる。これらを合計すると、平均的な店で、1杯のラーメンを作るのに、200円ほどはかかる。原価率は約30％である。

一般に、飲食店の値付けでは、主力品の利幅を抑え、飲み物やサイドオーダーの利益で埋め合わせるという戦略をとる。ところがラーメン専門店では、ラーメンだけを注文する客が多い。そのため、人件費や家賃、それに1カ月に10万円以上使うガス代などの光熱費を考えれば、原価率30％はギリギリの採算ラインといえる。

もちろん、化学調味料を使ってスープをつくれば、原価を抑えられるが、最近の客は味にうるさい。やがて客足が遠のき、経営はかえって苦しくなってしまう。

一方、人気店の場合、原材料の質にこだわるので、原価が３００〜３５０円にもなる。それで、採算ベースの原価率30％に抑えようと思えば、どうしてもラーメン１杯の値段が１０００円を超えるほどになってしまうのだ。しかも、トッピングとして値の張る自家製チャーシューを何枚も使えば、値段がさらに高くなるのも無理はないのである。

パスタの味と値段にはどんな関係がある？

一般に、料理というのは、おいしいものを作ろうと思えば、原価が高くなる。ところが、パスタはその法則に当てはまらない。むしろ、おいしいものを作ったほうが原価は安く上がるのだ。パスタは、イタリア・レストランはもちろんのこと、カフェやバー、スナック、ファミレスなどでも、定番メニューになっているが、いろいろな形態の店でメニューに取り入れられているのは、原価を抑えても、相当おいしいものを提供できるからである。

パスタを作るには、まず麺が必要になる。普通のカフェやバーでは、たいてい1袋1000円程度の麺が使われるが、1袋で12～13人前とれるので、原価は1人当たり70～80円になる。もちろん、イタリア産の有名ブランド品を輸入したり、自家製にこだわると、もっと高くなるが、それでも100円ちょっとでおさまる。

加えて、調味料やタマゴなどに数十円かかる。そして、原価を大きく左右するのがソースである。パスタは、ソースをどうつくるかによって、原価がずいぶん違ってくるメニューなのだ。

たとえば、手間を惜しんで、市販の缶詰ソースを使うと、1缶800グラム入り1000円のもので、せいぜい5～6人分しか取れない。原価が上がるうえ、店独自の味を出すこともできず、平凡なパスタになってしまう。しかも、一度にたくさんの注文があっても、素早く応じることができない。

一方、自店で肉や野菜をグツグツと煮込んで、独自のソースを大量に作っておけば、味がよくなるうえ、原価も安くなる。１人前の原価を２００円以内に抑えられるのだ。

またパスタは、麺や野菜などが高くなった時期でも、麺の盛り付け量や具材をほんの少し減らすことで、原価率のアップ幅を抑えることができる。お客にさとられずに、そういう調整ができることも、パスタがカフェやバーなどの定番メニューとなっている大きな理由である。

キャバクラ料金の本当の内訳は？

一口にキャバクラといっても、１時間３０００円ほどの大衆店からウン万円はかかる高級店まで、価格設定はさまざまである。東京都心で１時間５０００〜１万円がセット料金の相場だが、セット料金だけでは利益はほとんど出ないという。

たとえば、１時間８０００円のセット料金のうち、女の子の時給が、キャリアや実績によって２０００〜４０００円。さらに、男性従業員の給料やセットに含まれる飲み物、おつまみ、それに家賃、電気代などの光熱費を引くと、ほとんど残らない。セット料金以外に、ドリンク、おつまみの注文、指名料などが入って、初めて利益が上がるしくみだ。

そのため、キャバクラでは、店に入ってから1時間が経過すると、ボーイさんがやってきて、「お時間ですが、延長されますか？」と聞かれる。店にとっては、そこが大きな分かれ目となる。女の子を指名して、延長してくれなければ、利益がでないのだ。

もちろん、セット料金の時間内でも、女の子によっては、客にドリンクやおつまみを追加注文させたり、高価なボトルを開けさせる子もいる。なかには、利益率の高いシャンパンを開けさせる子もいて、店長にとっては、そんな子が〝女神〟のように見える。

しかし、売れっ子は、他店から引き抜きの対象になるので、いかに辞めさせないようにケアするかが、店長の腕の見せどころになる。

また、おつまみでも、フルーツの盛り合わせは利益率が高い。だから、店の女の子は、客にフルーツの盛り合わせを注文させたがるのだ。

カラオケボックスの儲けのカラクリは？

ストレス発散、忘年会などの二次会、始発電車までの時間つぶしなど、老若男女に利用されているカラオケボックス。その料金は、曜日や時間帯によって違うが、1人1時間当たり数百円程度が相場となっている。

どの店でも、利用客の多い平日の午後6時～午前0時と、休日の値段が高く設定されており、逆に平日の午後6時までは安く料金設定されている。また、利用人数にかかわらず、1人当たりの料金が一定であるところがほとんどだが、なかには5時間フリーや6時間フリーの「フリータイム制」を導入、曜日や時間帯によって、1時間当たり200円という低価格に設定している店もある。

しかし、店側としては、そうした利用料だけでは、経営的にかなり苦しい。

カラオケボックスは、他業種の店と違って人手がかからず、人件費を抑えることができるが、カラオケシステムの設置や防音対策などで、初期の設備投資は高額にのぼる。また、電気代などの光熱費、設備の更新料や修繕費用などを考えれば、前述のような利用料金だけでは、とても足りないのだ。

その埋め合わせをしているのが、飲食費である。カラオケボックスでは、簡単な食事やドリンクがサービスされているが、それらの原価率はどれも10％前後。しかも、長時間歌い続けるためには、ドリンクが欠かせない。カラオケボックスは、食事やドリンクを頼んでもらうことで、儲けをひねり出しているのである。

100円ショップの仕入れ値は？

今やすっかり街の風景の一部になっている100円ショップ。小さな地方都市でも、街をぶらぶらしていると、たいてい一軒や二軒は100円ショップを見かけるものだ。最近は100円以上の商品も置いているが、大半は100円。「1個100円（消費税込みで110円、飲食物は108円）で売って、本当に儲けがあるの？」と疑問に思う人もいるだろうが、店が成り立っているということは、ちゃんと儲けが出ている証拠だ。

１００円ショップの仕入れ値は、平均するとひとつにつき60～70円といわれる。原価率は6～7割と高く、そのうえ駅前や繁華街に店を構えるため、割高となる家賃や人件費を差し引くと、1個あたりの純利益は10円くらいしかない。

しかし、１００円ショップで買い物をしている人をじっくり観察すると、たった1個しか買わない人は少ない。たいていの人は、複数の商品を購入していく。典型的な薄利多売型のビジネスなのだ。

そこで、１００円ショップでは、商品の並べ方ひとつにしても、より多くの商品をカゴに入れてもらえるように工夫している。たとえば、ある客が風呂桶を買いに来たとする。スーパーなら、風呂の備品コーナーに、プラスチックや木製など、いくつかの風呂桶が並べてあるだろうが、１００円ショップにはプラスチックの風呂桶しかない。その代わり、オレンジやピンク、ブルーといった色ごとに、風呂桶だけでなく、石けん入れや洗い椅子も多数並んでいる。

すると、風呂桶を買いに来た客は、「せっかくだから、風呂の備品を同じ色で揃えよう」「格安だしな」などと思いながら、当初の目的である風呂桶の他にも石けん入れや洗い椅子まで買っていく。

このように、100円ショップの店内には、あらゆる場所で1個でも余分に購入させる工夫が施され、まさしく薄利多売型の商売を徹底しているのである。しかも、不景気になれば、人々の足は100円ショップへと向かう。〝マクロ経済〟的にいえば、景気がたえず循環し、定期的に不景気がやってくるのも、100円ショップが生き残っている大きな理由といえる。

屋台のタコ焼きはなぜあの値段になるの？

神社やお寺のお祭り、地域の夏祭りなどの楽しみは、境内や参道にズラリと並んだ屋台。なかでも、いつも盛況なのはタコ焼きの屋台だろう。タコ焼きは、もともと関西の食べ物だが、今やチェーン店が全国各地に進出。外はカリッ、中はトロ～、そして、大きなタコの切り身の入った本場のタコ焼きが、全国的にウケている。

このタコ焼き、味に凝りだすと、意外に奥の深い食べ物だというが、一般的な屋台では、小麦粉と出汁《だし》、天カスをベースとして作られている。そして、タコの切り身を入れ、ソースとマヨネーズ、青のりをかけて、原価は1個あたり約10円といわれている。ということは、8個入り1パックで原価は約80円。お祭りの屋台では、1パック500円ほどで売られているので、420円の儲けということになる。

といえば、「さすが大阪名物。ボロい商売だな」と思う人もいるだろうが、屋台のタコ焼きが、少々割高な値段設定となっているのは、雨が降ったら商売にならないため。とくに、お祭りの途中で雨が降ったりすると、材料は仕入れたのに客足が止まり、大赤字になってしまう。やや割高に感じられる値付けは、露天商の防御策といえる。

また、原価が1個10円といっても、業務用のタコ焼き器や、それらを運ぶ輸送費、屋台設営費や人件費は含まれていない。それらのコストを含めれば、儲けは420円の半分以下になってしまう。さらに火を使う商売だけに、夏場は体力的にもきつい仕事だ。

なお、駅前や街中で営業する屋台のタコ焼き屋をはじめようとすれば、自動車タイプで、約200万円の元手がかかる。原価が1個10円として、8個入り1パックを500円で売った場合、儲けは1パックあたり420円。人件費を無視しても、開業資金を回収するのに4762パックも売らなければならない。人気のタコ焼き屋といっても、他の屋台と同様、楽な商売ではない。

スターバックスのロゴは、なぜ緑色なのか？

多くの場合、飲食チェーンのロゴマークには、赤やオレンジ色などの暖色が用いられるもの。たとえば、ハンバーガーのマクドナルドは、赤と黄色をメインカラーにしているし、牛丼の吉野家は、オレンジ色をブランドカラーに使っている。それらの暖色系のカラーには、食欲を刺激する効果があるからだ。

ところが、コーヒーショップの「スターバックス」のロゴマークは、緑色。マークだけでなく、スターバックスの店内に入ると、カップやメニュー表、インテリア、店員のエプロンに至るまで、ありとあらゆるところに緑色が用いられている。なぜだろうか？

スターバックスがあえて緑色を使っているのは、お客にリラックスしてもらうための戦略と考えられる。今や「スターバックス色」といってもいいあの緑色は初期はコーヒー豆由来の茶色だったが、1987年から緑色になった。豊かに茂った樹木を連想させる落ちついた色。森を見ると心が癒されるように、あのグリーンを見ると、副交感神経が働き、心身をリラックスさせる効果があるといわれる。

そのため、仕事などで疲れたとき、ふとあのグリーンの看板を目にすると、お客は癒しの時間を求めて、店内へ吸い込まれていくというわけだ。そして、店内至るところに使われている「緑」にも癒されて、お客はリラックスした気持ちで、コーヒーを楽しむことができるというわけだ。

「ナンバー1」商品が氾濫するのはなぜ？

世の中には「人気ナンバー1」、「売上ナンバー1」など、〝ナンバー1商品〟があふれている。本来、ナンバー1といえば、たったひとつのはずだが、これだけナンバー1が氾濫しているのは、それらのナンバー1が「限定条件下の事実」だからといえる。たとえば、一口に「売上ナンバー1」といっても、「今月の売上ナンバー1」、「週間売上ナンバー1」、「発売後1週間の売上ナンバー1」、「○○部門売上ナンバー1」、「男性売上ナンバー1」、「30代女性売上ナンバー1」、「東大で売上ナンバー1」など、あれこれ限定条件を設定すれば、無数の「売上ナンバー1」を濫造することができるのだ。

むろん、これら限定条件下の売上ナンバー1が増えるのは、「売上ナンバー1」というワードが、お客に対して強い訴求力を持っているから。この売上ナンバー1商法は、心理学的にいうと、人の同調性を利用する販売テクニックといえる。

人には、少数派に属していると不安になり、多数派に属していると安心する傾向がある。そして、売上ナンバー1ということは、多数の人に支持されていることの反映といえる。そこで、人はナンバー1という宣伝文句にふれると、「みんなが買っているなら安心だ」、「流行りに乗り遅れたくない」と、多数派に同調して、その商品に手を伸ばしやすくなるというわけだ。

Step 2

そのお金、誰が払う？
どうやって決まる？

Understand Prices, Understand the Economy

「サブスク」の「スク」って、どういう意味？

サブスクは、月単位などで、一定の料金を支払って、コンテンツなどを利用するサービスのこと。たとえば、音楽を聴くためのストリーミングサービスや、動画を見るための動画配信サービスなどがこれにあたる。

　この言葉は、２０１０年代後半から使われはじめ、２０１９年には、新語・流行語大賞にノミネートされた。

　今やサブスクは、自動車、高級家具、家電製品、ファッション、本や雑誌、飲食店など、さまざまな分野に広がっている。

　このシステムが広がったのは、サービスの提供側、そして利用者の双方にメリットがあるからだろう。提供者は、安定的な売上を計算できるし、しかも多くの場合、それを前金で得られるので、資金繰りに窮することもない。一方、利用者側も、ヘビーユーザーはむろんのこと、一定頻度で使うリピーターも、その都度使用料を支払うよりは割安に利用できる。

というわけで、提供者にもユーザーにもメリットがある。ウインウインの関係を築けるシステムというわけだ。

ところで、サブスク（subscription の略語）の「スク」とは、どういう意味かご存じだろうか。「スクリプション（scription）」の略語だが、この単語の意味を学校で習った人はいないはずだ。

この scription という単語は、学校で習うどころか、多くの辞書には載っていない。それなのに、subscription という単語は、古くからあるのだ。

もともと、動詞の script には「書く」という意味がある。それに「sub（下に）」がついた subscription は、「下に書く」ことを意味し、そこから「署名する」という意味で使われるようになり、18世紀初頭にはすでに「定期購読」などの意味で用いられていた。定期購読の契約時、契約書の下欄に署名するところから、この言葉が使われるようになったようだ。

その言葉が、ＩＴ時代の現代、コンテンツなどの利用システムを表す言葉として、活用されているというわけだ。

美術館は、絵の購入価格をどうやって決めている？

この世の中、値段の不明瞭なものはたくさんあるが、その代表例といえるのが、絵画や彫刻、陶磁器などの美術品。価値のわからない人には、ガラクタにしか見えない壺や絵が、驚くほどの高値で取引されているが、誰が値段を決めているのだろうか？

美術館が絵画の購入を検討するときは、まずは過去に取引された値段を調べることからはじまる。見る人が見ればわかるといっても、芸術品の価値はあいまいなもの。そこで、過去のデータがものを言うのである。

ただし、美術品の相場は、景気にも左右されるうえ、近年は世界的に高騰しているので、過去の価格は参考程度にしかならない。そこでどうするかというと、価格評価委員会を組織して、近年の相場を勘案したうえで、各委員に値段をつけてもらい、最高額と最低額をのぞいて、平均値を割り出す。その平均値が購入に妥当な額というわけだ。むろん、美術館も安く買いたいから、値引き交渉をすることもある。ただ、過去に流通履歴の少ない作家の作品の値付けは、参考データが乏しいので難しい。流通している他の絵画の価格と比較しながら、値段を決めていくのだが、そうして美術館が最初に購入した価格が、のちの取引相場となることが多い。

一方、世界的に有名な絵画の価値は、どのように評価されているのだろう？　これは、絵が貸し出されるときの保険金の評価額である程度わかる。

絵画の場合、評価額の最低３％の保険料が必要になるから、絵の評価額はその30倍以上ということになる。

そして、その高額の保険料金が、美術館の特別展の入場料を押し上げることになっているのだ。

記者会見の場所代は誰が払っている？

記者会見を開くと、〝場所代〟がかかることがある。会見を開く当人が自分の事務所や自宅を会見の場にすればタダですむが、ホテルの会場やレンタルスペースを借り切って行うときは、その会場費を誰かが支払っている。

そのお金を誰が負担するかは、ケースバイケースだが、多くの場合、取材される側が負担することになる。

たとえば、芸能人が何かの宣伝をするときには、所属するタレント事務所などが会場を借りて、マスコミ各社に集まってもらい、記者会見を行う。

外国人アーティストが来日した場合も同様で、記者会見すると、いい宣伝になるので、アーティストを招いた企業が会場を用意して、記者会見を開く。

マンション管理費は、どう使われている？

賃貸マンションやアパートには、敷金・礼金など、なぜ支払わなければならないのか釈然としないまま、何となく負担させられている費用が少なくない。家賃のほかに毎月とられる「管理費」もそのひとつだ。

この管理費には、相場があってないようなもの。マンションによって、数千～数万円までばらつきがあって、借り手にも、自分の支払っている管理費が妥当な金額かどうか、よくわからないものだ。月々高い管理費を支払っている人は、「何に使っているの？」と疑いたくもなるだろう。

とはいえ、管理費は、マンションやアパートに住むには、必要不可欠なものでもある。たとえば、エントランスホールや通路の清掃をする、切れた電球の交換をする、エレベーターの管理や水道の配管工事など、管理費は共有設備の修繕や維持に充てられているからだ。

それに、管理人のいるマンションでは、彼らの給料もここに含まれる。管理費は、清潔で安全、住みやすい環境を維持するために活用されているお金なのである。

しかし、管理費が高ければ高いほど、管理の行き届いた素晴らしいマンションかといえば、そうともいいきれない。たとえば、マンション管理を専門業者に委託しているケースでは、管理費がすべてマンション管理として使われているわけではないからだ。

仮に、管理費の70％は、マンション管理に使われたとして、その他の30％はマンション管理とは直接関係のない管理会社の社員の給料になっていることもある。高いわりに廊下が汚いとか、電球が切れっぱなしなど、不備が多いようなら、管理費のうちの何%が自分たちのマンションのために使われているのか、チェックしてみるのもいいだろう。

ちなみに、マンションのなかには「管理費が格安」の物件もあるが、それは家賃に管理費を上乗せしているだけだったり、管理を怠っている場合も少なくない。管理費が安いからといって飛びつくのは早計だ。

中古車の値段は、どうやって決まる？

愛車を手放すなら、少しでも高値で売りたいのが、オーナーのホンネ。一方、購入を予定している人は、少しでも安く買いたい。そんなユーザーは、ネットでマメにアクセスして、目当てのクルマの相場をチェックしていることだろう。

しかし、結論からいうと、現在では、中古車の相場は全国どこでもほぼ同じ。昔は、中古車の値決めは、販売店ごとに独自に行われていたため、販売店や地域ごとにかなりのバラつきがあった。しかし現在は、オークションで競り落とされる価格が、業界の相場の基準となっている。

だったら、中古車オークションに参加したいと思うだろうが、これには多くの場合、資格を持った会員しか参加できない。そこでの相場が全国の業者に伝えられ、各販売店ではそれを参考にしながら値付けを行う。価格がどこも似たり寄ったりなのは、オークション情報がすぐさま流れるようになったからだ。

とはいえ、実際にクルマを購入するさい、見積もりを依頼すると、販売店によって値段にかなりの開きがでることがある。まったく同じ年式のモデルで装備も同じなのに、数万円から十数万円の開きがあったりする。

その主因は、クルマを購入するさいの「諸費用」にバラつきがあるため。なかでも、販売店にとってうま味の多いのが、「代行費」と呼ばれるものだ。たとえば、見積書には「検査登録手続き代行費」や「車庫証明手続き代行費」「納車費用」など、さまざまな代行費が上乗せされるが、これがクセモノなのだ。

たとえば「納車費用」は、自分で取りに行ってクルマを運転して帰ってくればタダ。ところが代行してもらうと、数千～数万円も取られてしまう。

これらの代行費は、販売店が独自につけた値段。したがって、良心的な店なら安くすむものを、業者によっては、なんだかんだで上乗せされて高くついてしまうというわけだ。

110番の通話料は、誰が負担している？

あなたがもし交通人身事故を目撃したらどうするだろうか。まずは、119番にかけて救急車を呼び、110番にも通報するだろう。

そのとき、110番や119番への通話料は無料だが、電話回線を使っている以上、当然ながら誰かがそれを負担しているはず。その通話料は誰が払っているのだろうか？

110番、119番、118番（海難事故の連絡）など、緊急通報用の通話料は、減免の対象となり、課金されないシステムになっている。つまりは、電話会社が負担しているのである。

とはいえ、緊急通報用といっても、なかには１１０番や１１９番にイタズラ電話をする輩もいる。その通話分まで電話会社が負担しているとは太っ腹！と感心したくなるが、電話会社にとって、通話料は大した負担ではないという。たしかに、今どき通話に交換手がいるわけでもない。

そもそも電話は、回線を引くまではコストがかかるが、いったんシステムができあがってしまえば、あとは電話代を回収するだけ。緊急通報用の通話料を負担するくらいで、電話会社のフトコロは痛まない、ということのようだ。

公共料金はどうやって決まる？

バブル崩壊後、長く続いたデフレ時代のなかでも、価格破壊が起きないものがあった。電気・ガス・水道などの公共料金である。

もっとも、庶民の暮らしと密接に結びついている公共料金が、やたら下がったり上がったりしては混乱のもと。そのため、公共料金の改定にあたっては、さまざまな条件を考慮するよう定められている。じっさいには、どのような基準で決められているのだろうか？

一般の商品は、原価に利益をプラスして、値段が決められる。原価にどれだけ上乗せするかは、企業側の自由であり、極端な話、原価10円の商品を10万円で売ってもかまわない。

それに対して、公共料金は「総括原価方式」と呼ばれる方法で、価格が決められている。この方法は、サービスの提供に必要な費用をまかなえる水準に料金を設定するというもの。たとえば、ガス料金なら、ガスを供給するための設備費、燃料費、営業所の人件費、事務費、営業費などがかかる。これらの費用に適正利潤を乗せて、ガス料金が設定されるのだ。また、利潤の独占を防ぐため、それぞれに報酬率も定められている。

この方式は、運営コストが料金に含まれているため赤字が発生しにくく、経営は安定するが、経営努力への取組みが軽視されがちである。

公共料金を値上げする場合には、細かい取り決めがあって、たとえば大手私鉄の運賃を改定する場合なら、前年度の収支が赤字で、今年度の収支も赤字が見込まれるときが、料金改定の時期となる。

鉄道会社が値上げしたいときは、まず所轄官庁の国土交通省へ申請する。と、国土交通省は申請内容を吟味したうえ、大臣の諮問機関である運輸審議会に諮問し、必要であれば、公聴会を開き、また、学者らの意見を参考にして検討する。こうして「値上げもやむなし」と判断された場合、国土交通大臣が認可するという流れになっている。

そのプロセスだけ見れば、慎重かつ公正のように思えるが、公共料金の改定には不透明な部分が少なくない。というのは、電力会社やガス会社などは、本業のほかにレストランなどの付帯事業を行っているケースが多いからだ。

たとえば、本業の公共サービス事業が赤字でも、付帯事業が黒字だった場合、その黒字を計上すれば、公共料金は値上げしなくてもいいはずだ。ところが、付帯事業の収支を公共料金にどのように反映させるかについては取り決めがない。つまり、全体としては儲けているのに、本業の赤字が続いているため、公共料金が値上げされることもありえるわけだ。

消火に使った水道代は誰が支払う？

火災が発生したとき、その消火活動に使われる水の量は、平均して一般家庭の2～3カ月分。むろん、大規模火災ともなれば、とんでもない量の水が必要になる。

そのさい、使用した水道料金の請求は、どこへ回されるのだろうか？　火事の原因となった火元の負担だと思うかもしれないが、じつはそうではない。

水道法第24条の3に「水道事業者は、公共の消防用として使用された水の料金を徴収することはできない」と定められているとおり、火事を出しても、火元の家庭や企業が水道代を請求されることはないのだ。

では、誰が水道代を負担しているかというと、地域によって異なるルールが定められていて一概には言えないが、火災現場で使った水道料金を水道局の負担とする自治体もあれば、安全管理局などが1年間に火災の消火に使った分の水道代を、水道局に納めるという形をとる自治体もある。

ところで、ひとつ疑問に思うのは、火災の消火活動に、なぜ「水」が用いられているのか、という点。最近では、消火に有効な溶剤も開発されているし、コンビナート火災などでは、水ではなく特殊な液体で消火されている。

しかし、そういった消火用の溶剤は値段が高い。その点、水はコストが安いし豊富にある。河川や池、海などの自然水を利用できるのもメリットだ。

それに、溶剤などは取扱いが面倒だが、水なら難しい知識なしに誰でも簡単に取り扱える。

特殊な溶剤を使えば、より早く消火できるが、やはりコストも重要だ。というわけで、現在でも、消火にはもっぱら水が用いられているのである。

保釈金の額はどうやって決まる？

芸能人や政治家が事件を起こして逮捕されたとき、その続報としてマスコミが注目するのは「保釈金の額はいくらか？」という問題。

そこで気になってくるのが、保釈金の額を誰が算出しているのか、払ったお金はどこへ行くのかという点だが、本題に入る前に、まずは「保釈金」についてご説明しておこう。

保釈金とは、刑事事件で起訴され「被告人」の立場にある者が支払うもの。だが、被告人といっても、有罪が確定するまでは、無罪と推定されるという原則がある。

そこで、人権保護の立場から、被告人を釈放し、普通の生活を送りながら、裁判を受けさせようというのが、保釈金制度である。そのさい、海外逃亡や証拠隠滅をさせないために、裁判所に金を納めさせる。それが保釈金で、正式には「保釈保証金」という。

保釈金の額はどのように算出するかというと、これはケースバイケース。犯罪の性質や大小、年齢や職業（社会的地位）、被告人の経済状態（親兄弟を含む）を考慮して、個別に決められている。最高額や最低額の決まりもなければ、被害額が1億円の詐欺事件ならいくら、2億円ならいくらといった〝計算式〟もないのだ。

面白いのは、保釈金には149万8500円とか、2458万円といった「端数」の金額が存在しないこと。たとえば、150万円や250万円、300万円といったように、キリのよい数字ばかり。意外に〝どんぶり勘定〟で決められているのである。

払った保釈金は、その後どうなるかというと、裁判所に納めたあと、日本銀行に保管され、判決が出た段階で、有罪無罪に関わらず返却される。なお、どんなに長く預けておいても、利息はつかない。

水道料金が地域によって異なるのは？

のどかな田舎暮らしに憧れて、都会から引っ越してきたら、水道料金が高くてビックリ仰天！　という話を耳にする。水道代は、地域によって料金差がひじょうに大きいのだ。

どれくらい違うかというと、たとえば家庭用口径20ミリ、月に20立方メートル使用したとして、安価な自治体では１０００円程度、高いところでは６０００円ぐらいと大きな開きがある。

それにしても、どうして、これほど料金が違うのだろう？　理由はいろいろあるが、主な原因は人口密集度の違いによるもの。人口が集中している都市部では、水道設備の建設・維持コストを大勢で支えている。その分、一世帯あたりの価格を低く抑えられるのだ。一方、人口が少ない地域では、どうしても世帯あたりの負担が大きくなってしまう。

また、水源の問題もある。近くに豊富な水源がない場合、莫大なコストをかけてダムをつくる必要が生じるし、浄水場までの距離が遠ければ、えんえん水道管を引っ張ってこなければならない。水源が汚れていれば、高度な浄化システムも必要になってくる。

そういった建設費用は、国からの助成金のほかは、水道料金でまかなわれるため、どうしても住人の負担が大きくなる。田舎に引っ越したら、水道代がとんでもなく高くなったというケースには、たいていそうした事情がひそんでいる。

ところで、水道代といえば、もうひとつ不思議なことがある。電気やガスなどは月ごとに徴収されるのに、水道代は2カ月まとめて請求されるのはどうしてだろうか？

理由は単純で、水道メーターの検針は2カ月に一度と決まっているため。それに合わせて、隔月で請求されているのだ。それなら毎月検針すればいい話では？　と思うが、これにはコストの問題がある。毎月検針すると、人件費が倍近くかかってしまうのだ。

つまり、2カ月分まとめての請求は、水道を少しでも安く提供するための苦肉の策といえる。

博覧会の入場料の決め方は？

博覧会を開催するとき、関係者がもっとも頭を痛めるのは、入場料金の設定である。高すぎればお客が寄りつかないし、かといって安すぎれば、〝子供だましのイベント〟と思われてしまう。

入場料の具体的な決め方には、二通りの方法がある。ひとつは、経費を元に料金を割り出す「原価主義」、もうひとつは、入場者がどの程度の価格帯なら料金を支払うかで決める「市場主義」だ。実際には、その両方を検討して料金が決められるケースが多い。要するに、「公共性を加味した常識的な金額」であり、「なるべく多くの入場者が期待できる金額」に落ちつくことになる。

ちなみに、2025年開催予定の大阪万博の入場料は、開幕後は大人（18歳以上）7500円に決まっている。前売りはもう少し安いが、いずれにせよけっこうな金額であり、果たして「常識的な入場料」なのかどうか、疑問視する声もあがっている。

国賓の旅費は日本持ち？ 向こう持ち？

ご近所づきあい、親戚づきあい、同僚や友人とのつきあいなど、人づきあいには何かとお金がかかるもの。そのなかでも、モノ入りなのが冠婚葬祭である。結婚式に呼ばれて遠方へ行くことになったら、祝儀代のほか、宿泊費、交通費など負担はふくらむ一方だ。

むろん、招いたほうも精いっぱいのもてなしをするわけで、当然のことながら、出費は少なくない。庶民でさえそうなのだから、それが国と国とのおつきあいとなれば、交際費はケタ違いになる。

では、海外から要人を招いたとき、交通費や宿泊費は、どちらの国が負担するのだろうか？

その前に、賓客にも種類があることを説明しておこう。要人の来日には「公式訪問」と「非公式訪問」の二つがあるが、賓客の待遇を受けるのは公式訪問だけ。つまり、どんな〝エライ人〟でも、お忍びで日本にやってきたときには、非公式の訪問となり「国賓」や「公賓」とは呼ばれないのだ。

また、国が招く要人には、「国賓」「公賓」「公式実務訪問賓客」「実務訪問賓客」「外務省賓客」などがあり、ランクごとに待遇が定められている。最高ランクは、むろん「国賓」で、これは国王や大統領など、国家元首に当たる人が正式に来日したとき。

「公賓」は、首相や国王以外の王族などだが、国賓や公賓を日本に招待するときの経費は、旅費は相手国持ち、滞在費は日本持ちが基本となる。

ただし、滞在費についても細かい取り決めがあって、原則として、国賓の場合は、夫婦と公式随員10人までの3泊4日分は日本持ち。これで、2500万円程度はかかると見られている。公賓の場合は、同じく随員8人までは日本持ち。それ以外は相手国持ちという具合。負担の割合を、両国で話し合って決めることもある。

いずれにせよ、海外からのVIPが日本国内をめぐるとあれば、行く先々で莫大なカネと人が動く。「ま、今回はうちが持ちますよ」「そうですか。じゃあお言葉に甘えて、ゴチになります」といった場当たりの対応ですませられる話ではない。当然のことながら、あらかじめ協議のうえ予算を組み、その範囲内でおもてなしをするのである。

Step 3

あのお金をめぐる謎を追え！

Understand Prices, Understand the Economy

破ってしまった当たりクジは有効？

何の苦労もなく、少ない元手で大金を得るには？――ひとつの答えは「宝くじを当てる」だろう。

交通事故に遭う確率よりも、宝くじに当選する確率のほうがはるかに低いとはわかっていても、買わなければ当たらないのが宝くじである。小遣いのなかから、せっせと宝くじを買って、もし高額当選したらどうしようと空想を広げて楽しんでいる人もいることだろう。

以前、アメリカでは宝くじをめぐるこんな調査結果が発表された。研究チームの調査によると、「自分を貧しいと感じている人ほど、宝くじをたくさん買う」傾向があるというのだ。自分は貧乏だと思うから、一攫千金を夢見て宝くじを買い、とはいえ、いっこうに当たらないので、単なる無駄遣いに終わり、結果、ますます貧乏に陥るというわけだ。

ただ、現実には、少ない元手で高額宝くじを当てた超ラッキーな人もいる。万が一、そのチャンスが自分にめぐってくることを考えて、購入した宝くじの取扱いには充分注意しておきたい。

たとえば、よくありがちな失敗は、買った宝くじをジーパンなどのポケットに入れっぱなしにしてしまうケース。うっかり洗濯機で洗ってしまい、文字が読めなくなったら、せっかく当たっていても無効になってしまう。

また、当選番号と照らし合わせて「チッ、ハズれた」と思っても、腹立ちまぎれに破り捨ててはいけない。よくよく見なおしたら一等に当たっていた、などという事態になれば、まさに人生を左右する一大事である。

ところで、はずれたと思って破り捨てた宝くじが当選していた場合、お金は受け取れるのだろうか。結論から言うと、破損した宝くじを回収して審査にかけ、その審査に通れば払い戻しは可能。当然のことながら、審査条件は甘くはないが、そのさい重要になってくるのが「クジの種類」と、それが「何回目のクジ」であるか、また「組番号」と「クジ番号」の部分。その部分がクリアに残っていれば、払い戻しを受けられる可能性は大だ。

レジの「1万円入りまぁ〜す」コールの意味は?

ファストフード店やコーヒーショップチェーン店のカウンターで会計をするさい、1万円札を差し出すと、レジ係が「1万円入りまぁ〜す」と声を張り上げることがある。

店が混雑しているときなど、何となく気恥ずかしい思いをするものだが、あれは何のためのかけ声なのだろうか?

かけ声をかけられるのは、5000円か1万円など高額紙幣を出したときに限られるが、レジ係が「入りまぁ〜す」と声をあげるのには、二つの目的がある。

ひとつは、高額紙幣を受け取ったことをほかの店員に伝えるため。ファストフード店やコーヒーショップのレジ係に不届き者がいれば、1万円を懐に入れてしまうことがないとも限らない。

それを防ぐには、客から1万円札を受け取ったことを「複数人」で確認する必要がある。そこで「入りましたぁ〜」と、皆に聞こえるよう大きな声を出しているわけだ。

もうひとつは、釣り銭詐欺を防ぐという目的。なかにはけしからん客がいるもので、5000円札を出したのに、釣り銭をもらう段になって「さっき1万円札を出したじゃないか。お釣りをよこせ」とインネンをつけて、釣り銭を余計に取ろうとする輩もいる。それを防ぐため、受け取った紙幣が「いくらのお札だったか」を声に出して、確認しているのである。

夕刊なしでも、新聞購読料がさほど変わらないのは？

最近の調査によると、20代の人の大半は新聞を読んでいないと聞いて、「今の若いモンは、政治にも経済にも無関心なのか……」と嘆く人もいるだろうが、彼らはべつに情報に無関心なわけではなく、情報源を新聞に頼っていないだけ。新聞を購読しない理由は単純で、高いからだ。現在、新聞の購読料は「朝夕刊セット」で、

1カ月4900円ほどだが、スマホがあればニュースは無料で読めるのだ。

それに新聞は、出費を減らそうと夕刊を取るのをやめても、購読料は大して変わらない。「なぜ?」と解《げ》せない気分になるが、それは新聞社ではなく、販売店が値段を決めているからといえる。順を追って説明しよう。

日本の場合、新聞購読料は各新聞社ごとに決められていて、値段は全国一律。ところが購読料には、もともと「朝夕刊セット」料金と、夕刊のない地域の「統合版」料金の二つしかない。

つまり、夕刊のある地域では、「朝刊のみコース」という料金設定がそもそも存在しないのである。しかし、実際には、「夕刊はいらない」という家庭も多いわけで、そのさい「朝刊のみコース」の購読料を決めているのは、新聞の各販売店なのである。

ご存じのとおり、日本の新聞は、新聞社とは別経営の販売店が、販売・宅配などの業務を行っている。販売店は、各家庭に新聞を宅配し、購読料を集金して、新聞社から手数料を受け取っているが、朝刊だけ配るというのは、販売店が独自で行っているサービスなのだ。だから、その価格の決定は、販売店の裁量にまかされている。

しかし、販売店には、新聞社から朝夕刊が同じ部数運ばれてくるので、朝刊だけを配ると、夕刊が余ってしまう。そこで、夕刊を取らない場合でも、「朝夕刊セット」と大して変わらない料金に設定しているというわけだ。

ちなみに、旅行などで留守の間、新聞をストップする代わりに割引してくれるのも、販売店のサービスである。

映画料金が一律に近いのは？

大型テレビやホームシアターの普及によって、自宅でも映画のＤＶＤをそれなりの迫力で楽しめるようになった。でも、ド迫力の大スクリーンに最高の音響設備で見たいとなると、やはり映画館に足を運ぶのが一番だ。

ところが、「今日、映画が見たい！」と思い立っても、映画料金は大手シネコンの新作ロードショーで大人は２０００円くらいとけっこうお高い。しかも、どの映画も料金が同じというのが謎である。

映画には、製作費100億円という超大作もあれば、低予算の作品もあるし、映画館の設備や立地も千差万別。それなのに、ひとたび映画館で上映されると、どの映画も正規の値段ではほぼ一律なのだ。その儲けは、どこへ流れているのだろうか。内訳を見てみよう。

たとえば、海外で買い付けてきた映画の場合、入場料が2000円だとすると、映画館が半分の1000円を取り、残りが配給側の取り分となる。そこから、配給会社が宣伝費用、手数料その他をさっぴいて、海外の製作会社に入るのは300円。入場料金の15％に当たる額だ。

内訳がわかったところで、そもそも2000円という値段は誰が決めているのだろうか？

映画は、配給会社がフィルムを映画館に貸し出し、観客数に応じた貸出料金を映画館から徴収している。前売り券は1600円ほどだが、これは配給会社が決めたもの。

一方、当日券が2000円の場合、その金額は、あくまで配給会社の上映希望価格であって、配給会社が決めているわけではない。という話を鵜呑みにすれば、映画料金の決定権を持っているのは映画館となり、配給会社の意向を無視すれば、もっと安く上映できるはずだ。

ところが、世の中そうはいかない。というのも、映画館にどの映画を配給するかは、配給会社の裁量だからだ。もし、配給会社の機嫌を損ねると、ヒットが見込める映画を上映させてもらえなくなることもありうる。そのため、映画料金は結局、横並びに近い金額になってしまうのだ。

もっとも、最近増えているシネコンでは、シニア割引は１３００円にするなど、料金サービスを充実させている。

バナナの値段が長年変わらないワケは？

日本が初めてバナナを輸入したのは、明治の終わり頃のこと。当時、植民地としていた台湾から運ばれた。以降、バナナは高級品の時代が長く続いたのだが、庶民の口に入るようになったのは1950年代。それでも、庶民にとっては、病気のときなどに食べるものであり、ちょっと奮発して買う果物だった。スーパーに山積みされ、道端で叩き売られるようになるのは、1964年にバナナ貿易が自由化されてからである。

当時、バナナの値段は、1キロ（中ぐらいのもの6、7本）で240～260円ぐらいだった。その後、多少の変動はあるものの、その値段は現在もあまり変わらない。むろん、その間の物価上昇分を考えれば、ぐんと割安になっているわけだ。バナナを手軽に食べられてきたのは、ひとえに世界中から安価なバナナが供給されてきたからである。

最初にバナナが輸入されたのは台湾からだったが、60年代には、病害虫に強いエクアドル産の輸入が増加。さらに、70年代には、フィリピンからの安いバナナの輸入が増えた。現在では、フィリピンからの輸入量が全体の約80％を占めているが、このようにして安いバナナが大量に供給されてきた結果、値段は、ほとんど変わることのないまま推移してきた。

ちなみに、フィリピン・バナナの特徴は、国際資本によって開設されたミンダナオ島を中心とした巨大プランテーションで、日本向けに特別栽培されていることである。日本人の好みに合わせて、地元で食べられるバナナとは別の品種が栽培されているのだ。

ハリウッド映画プロデューサーは、莫大な製作費をどう集める？

日本で「映画は誰のもの？」と尋ねると、多くの人が「監督のもの」と答えるだろう。じっさい、映画ファンの間では、数多くの名作が、黒沢明や小津安二郎、深作欣二といった監督の名とともに記憶されている。

一方、映画の都ハリウッドでは、映画はプロデューサーのものである。プロデューサーは、作品の企画段階から中心人物として携わり、監督をはじめ、キャストやスタッフの決定権も持つ。プロデューサーは、その作品の最終責任者であり、数十億円から100億円を超えるような莫大な製作費を集めるのも、その重要な役目である。大作では、投資家から出資を募り、その利益を還元するという「映画ファンド」を設けるのも常識だ。

では、ハリウッドで、投資家から莫大な製作費を集める決め手は何かといえば、第一にキャスティングといわれる。

スターを並べれば、話題を呼んで興行収入は増えるかもしれないが、ギャラが高くなりすぎて、肝心の利益がどうなるかはわからない。そこで、スターを中心としながら、相手役、脇役、芸達者なベテラン、スター候補の若手などをバランスよくキャスティングできるかどうかが、大きなポイントとなる。

近年は、トム・クルーズ、レオナルド・ディカプリオらの俳優が、自らプロデューサーとして映画の製作にあたるケースも増えているが、スター俳優が自らプロデューサーを務めれば、スター俳優との交渉を省けるし、その分のギャラを安く抑えることもできる。その代わり、興行が成功すれば、彼らは主演俳優としてのギャラの何倍もの報酬を手にしている。

また、映画のシリーズ化が最初から考えられている場合には、最初の契約で、あらかじめシリーズ分のギャラを決め、製作費を抑えるという手が使われている。そうしておかないと、第一作が大ヒットしたのを機に、俳優のギャラが釣り上げられて、とても同じキャストで撮影できなくなるからである。

和風建築はどこがどう〝贅沢〟なのか？

京都の町家が人気を集めて久しい。町家を改築したレストランやカフェが観光客の人気を集め、一棟を丸ごと貸し切って町家に暮らすように泊まる宿も、すぐに予約で埋まる。

　京都の町家が、改築や改装されながら利用され続けてきたのは、市の建築規制によって、一度壊すと二度と復元できないことがあるからだ。京町家に特徴的な木の面格子のある玄関脇の書院や通りに向かって伸びる通り庇《ひさし》、入り組んだ路地などが、防災上のネックとなって建築許可が下りないのだ。

　かといって、別の地域に町家風建築を建てようと思っても、和風の一軒家を建てるとなると、相当の出費を覚悟しなければならない。かつては、住宅といえば木造建築が当たり前だったのに、近年では専門の職人が減り、また木材などの建材が不足して建築費が高騰してきたのだ。

まず、和風建築に使われる木材は、建築前に十分に乾燥させる必要がある。檜なら20年、桐なら3年屋外に置き、その後、屋内に7年は置くから、場所代と手間賃だけで相当な額になる。また、基本的に釘を使わないので、材料の加工にも時間がかかるし、障子やふすま、畳、欄間、床の間、縁側、雨戸などにも手間がかかる。

加えて、数寄屋や茶室などを造ろうと思えば、目玉が飛び出るほどの費用がかかる。現在では、しっかりした和風建築の家を造ることは、最高級の贅沢になっている。

大型スポーツ店の値引きはなぜ減った？

かつて、スキーの大型店が華々しく出現し、他の業界にならって、価格破壊を推し進めたことがあった。

町の小さなスキーやスポーツ専門店が、たとえばメーカーから2万2500円で仕入れたスキー板を5万円で売っていたところへ、大型店は、3万2500円前後と1万円以上も安く売り出した。大々的に宣伝することで、若い人を中心に多くの客を集めれば、1万円の利益を上乗せするだけで儲かったからである。つまり、スキー業界に薄利多売の商法を持ち込んだのである。

ところが現在では、そうした大型店の値段と、町の小さなスキーやスポーツ専門店の価格は、それほど変わらなくなっている。この背景には、大手スポーツメーカーが、大型店の価格破壊をこころよく思わなかったことがある。

大型店の安売り商法で、当然、町のスキーやスポーツ専門店は大打撃を受けた。スキー専門店のなかには閉店に追い込まれるところもあった。しかし、町のスキーやスポーツ専門店は、地元の学校に食い込んでいる。学校で扱うスポーツ用具は、確実に売れて、利幅も大きく、大手スポーツメーカーにとって、学校は大のお得意様である。だから、スキーやスポーツ専門店がつぶれたり、経営難に陥ることは、メーカーにとっては、優良な販路を失うことを意味していた。

そこで、大手メーカーは大型店の安売り攻勢にストップをかけはじめた。やがて、大型店の安売りの勢いは弱まり、町の専門店の値段とさほど変わらなくなったのである。

また、最近のスキー板は、スキーヤーのレベルやスタイルなどによって細分化され、年々、進化している。そのため、ニューモデルは、どこも値引き率が低いことも、大型店と小さな専門店で値段が変わらなくなった理由のひとつだ。

なぜ占いの見料は３０００円が業界相場になったか？

占い師は、景気に左右されない商売だといわれる。たしかに、それには一理ありそうだ。不況で先行き不透明な時代は、誰の心にも「将来、どうなるのだろうか？」という不安が募るもの。だが、不安の解消策は、なかなか見つかるものではない。そんなとき、気分転換のつもりで、占い師のもとを訪れる人が多いのだ。

ところで、実際に占い師に見てもらうには見料《けんりょう》がかかるが、これは「占いの館」でも、街頭占いでも、その多くは20～30分で３０００円程。「占い業界で料金相場を決めているの？」と思いがちだが、そんなことはない。

ではなぜ、見料３０００円の占いが多いかというと、理由は単純。それ以上の値段をつけると、お客が集まらないからだ。1000円では安すぎて信用できない。かといって、無名の占い師に5000円払って見てもらう気にもなれない。だったら、真ん中をとって3000円。というような感覚で決められているのだ。

では、占い師の収入はいかほどか。一例として「占いの館」で働く占い師の収入を見てみると、1人3000円×1日10人として計3万円。そこから、テナント料を50％払うと、日給は1万5000円となる。その仕事を週に3回して、月々20万円ほどと、決して実入りはよくない。占い師一本で食べている人の平均年収は、300～400万円程度だという。

その一方、マスコミにも登場するような〝カリスマ占い師〟なら、年収1000万円は軽い。「館」のオーナー収入、テレビ・イベントの出演料、本の印税、自宅で行う占いの見料、さらにお祓い料などを加えて、数千万円を稼ぎ出す〝先生〟もいる。

当たればビッグなこの世界。しかも、不況に強いとなれば、志願者が増えそうだが、占い師の収入は実力次第であるうえ、人気商売でもある。タレントと同じで、運も関係する。「それでもなりたい！」という人は、カリスマ占い師になれるかどうか、占ってもらってはいかが。

税金のないタックス・ヘイブンは、どうやって国を運営している？

世界には、国民や企業が重い税金に苦しむ国もあれば、税金が免除されたり、著しく軽い国や地域もある。そんな税金のない国や軽い国は、「タックス・ヘイブン（租税避難地）」と呼ばれている。

タックス・ヘイブンには、大きく分けて４種類あり、租税のない国が「タックス・パラダイス」、銀行など特定業種に対して減税・免税されている国が「タックス・リゾート」、国外源泉所得税を減税・免税されている国が「タックス・シェルター」、条約締結国に対して低い税率を適用しているのが「ロー・タックス・ヘイブン」である。

現在、タックス・ヘイブンの国や地域は、小さな島国や国土の小さな国に多いが、不思議なのは、税金を免除したり、安くして、それらの国々では、どのように財政をやり繰りしているのかということだろう。

じつは、タックス・ヘイブンには、もともと有力な産業のない国や地域が多い。そこで、そういう国では、税金を思い切って免除したり、安くすることで、外国からの投資を増やし、産業の振興を図ろうとしているのだ。

もともとそういう国では、法人税はほとんど入ってこないのだから、外国企業が進出してきても、法人税には期待しない。その代わり、外国の有力企業が、名目上であっても本社を置いてくれれば、会社の登録料や契約証書、土地譲渡、リースなどの文書に課税する印紙税収入だけで、小さな国にはけっこうな収入になるのである。

たとえば、ヨーロッパの小国リヒテンシュタインも、タックス・ヘイブンの国として知られてきた。人口わずか4万弱にすぎないが、税金の減免を目的とした外国企業の登録数は相当数にのぼるといわれる。

それらの登録法人のほとんどはペーパーカンパニーだが、それでもそれらの企業からの税収が税収全体の40％。法人税を安くしても、登録企業が多いわりに人口が少ないので、税収としては十分なのである。

インタレストが、「興味」と「金利」の二つの意味を持つのは？

英語のインタレスト（interest）という単語には、「興味」と「金利」という、まったく違う二つの意味がある。一般的には「興味」という意味で覚えている人が多いだろう。方向の違う二つの意味を持つようになった背景には、人間の性《さが》が隠れているともいえる。

歴史をさかのぼると、もともと、interestは、「inter（～の間に）」＋「est（存在する）」という意味で、古代から「利益」や「金利」という意味で使われてきた。こちらのほうが先なのである。

それが、「興味」という意味に使われるようになったのは、人間どうしのかかわりで、人が最も興味を抱くのが、「利益」であり、ひいては「金利」であるから。

今、欧米のビジネスマンたちも、「その話、interestingだね」という場合には、「興味深い」という意味とともに、「儲かりそうだね」という意味を含んでいることが多いものだ。

チャットGPTのGPTって何の略？

今、世界は、半導体ブームに沸いている。日本の株式の日経平均がバブル期以来の高値を更新したのも、半導体関連株の活況が主因となっている。

半導体ブームが起きた理由のひとつは「生成ＡＩ」の発展にある。生成ＡＩが伸びれば、その技術の核となる半導体がいくらあっても足りないということから、半導体市場が活気づいているのだ。

生成ＡＩには、多様な種類があるが、一般に最もよく知られているのは、文章を自動生成するＡＩ「チャットＧＰＴ」だろう。質問すると、まるで人間のように、自然で質の高い回答を返してくるＡＩチャットサービスである。では、このチャットＧＰＴという名称が、どういう意味か、ご存じだろうか。

この名称は、その機能を表している。まず、チャットとはｃｈａｔのことで、「対話型」であるという意味。一方、GPTは、Generative Pre-trained Transformer（ジェネレーティブ・プリ・トレインド・トランスフォーマー）の頭文字をつないだ言葉。訳すと「生成可能な事前学習済み変換器」となるが、これは、インターネット上の膨大なデータに基づいて、ある単語列に続く単語を統計的に予測し、文章を完成させる能力を指す。

というわけで、チャットGPTとは、「対話型の生成可能な事前学習済み変換器」という意味で、文章生成などの言語処理に使うAIであることをきわめて〝理系的〟な言葉で表している。

特集 1

経済の基本

経済ニュース編

Go Behind Prices to See
the Current Economy

物価はどのように決まるか？

物価とは、さまざまな商品やサービスの価格全体の水準のこと。物価の基礎となるモノの値段は、基本的に「需要と供給のバランス」、つまり市場原理で決まっていく。

たとえば、特急の止まる駅と各駅停車しか止まらない駅の周辺では、一般にマンションの賃貸料は、特急の止まる駅周辺のほうが高くなる。特急の止まる駅のほうが便利なことから、借り手が多くなるためだ。部屋の間取りや築年数、駅からの距離などが同じ程度であれば、需要の多い駅周辺の賃貸料のほうが高くなる。

しかし、その後、人気の駅周辺にマンションが増えすぎて、供給が需要を上回れば、賃貸料は下がっていく。

また、パソコンやスマホの値段は、新発売時がもっとも高く、つぎの新機種が発売されると、値段が下がっていく。これも、新発売のときは需要が高く、しかも発売台数が限られるため、供給数が追いつかなくなるのである。ところが、つぎの新機種が発売されると、旧モデルはとたんに人気が下がる。つまり、需要が落ち込んで、値段が安くなるというわけだ。

このように、個々のモノの値段、その総和といえる物価は基本的に需要と供給のバランスで決まっていく。

ただし、近年は、経済のグローバル化が進み、国内の需要と供給のバランスだけを見ていても、物価の動向がわかりにくくなっている。

たとえば、国産野菜や果物の場合、基本的には、冷害や長雨で凶作になれば、供給が落ち込み、価格が上昇する。ところが、最近の農産物の多くは輸入品であるため、原油価格や為替相場などによっても価格に変動が生じる。とりわけ、輸入品に頼るオレンジやグレープフルーツ、キウイなどは、国内の事情だけでは、価格の変動についてまったく説明できない。

また、小麦や大豆といった輸入農産物を原料とする製品も、国内の需給バランスだけでなく、原油価格や為替相場などによって値段が変わってくる。

「インフレーション」と「デフレーション」の違いは？

経済には、大きく分けて、二つの異常事態がある。「インフレーション」（インフレ）と「デフレーション」（デフレ）だ。経済全体として、物価の上昇が続くことを「インフレ」、反対に物価の下落が続く状態を「デフレ」と呼ぶ。

そのインフレやデフレは、どのような原因で起こるのだろうか？

まず、物価の上昇が続くインフレは、じつにさまざまな原因からおきる。インフレの原因をひとつや二つに絞ることはできない。

まず、賃金や原材料費などの生産コストが上昇すると、企業はその上昇分を製品価格に上乗せするため、物価が上がっていく。これを「コストプッシュ型インフレ」と呼ぶ。2023～2024年の物価高はこの状態に近い。

また、消費者の購買意欲がきわめて旺盛で、生産が追いつかず、需要が供給を上回って、物価が上がり続けることもある。これを「ディマンド・プル型インフレ」と呼ぶ。「需要に引っぱられたインフレ」という意味だ。

さらに、1980年代後半のバブル経済期のように、余剰資金が土地や株式投資に向かった結果、地価や株価が急激に上昇することもある。これが「資産インフレ」だ。

いずれにせよ、インフレがおきると、物価上昇が続くため、現金や預金、債券の価値が目減りしていく。

一方、物価の下落が続くデフレは、主に供給に対して需要が落ち込んだときにおきる。消費者の購買力（需要）が落ちると、企業は価格を下げてでもなんとか売ろうとする。しかし、それではたとえ売れても、企業の利益が少なくなるため、従業員の賃金を増やせないばかりか、人員整理を行わざるをえないこともある。すると、失業者が増え、消費はさらに落ち込んで、モノの値段がさらに下がっていくというスパイラル状態に陥るのだ。

さらに、デフレになると、企業にとっては、好景気のときに行った設備投資や土地、株式などへの投資が、大きな負担となってくる。物価が下がってモノの価値も下がるため、金融機関から借りたお金の利子が相対的に重くなるからだ。住宅購入などのために借入れをした個人も、給料が減っても、返済しなければならないローンの金額は決まっているため、債務負担がさらに重みを増してのしかかってくる。

そもそも、景気が良くなったり、悪くなったりするのは？

「景気」は、経済活動全般の動向のことであり、一般にその良し悪しは、企業の売上や賃金の水準、失業率などによって判断される。

たとえば、企業経営者は、売上が伸び、利益も増えているとき、「景気がいい」と感じるだろうし、サラリーマンなら、給料が上がって懐が温かくなったとき、「景気がいい」と感じることだろう。企業と家計の景気がよければ、国家や地方公共団体の税収が増えるので、政府にとっても「景気がいい」ということになる。

しかし、好景気が永遠に続くことはない。景気には波があり、好景気はやがてしぼみはじめて、不景気な状態に向かうし、不景気が続いても、いつかは景気が回復し、再び好景気が訪れる。こうした景気の変動は「景気循環」と呼ばれている。

景気循環については、統計的な研究によって、いくつかの波動があることが明らかになっている。

まず、主に企業の設備投資動向に着目して、約10年周期で景気が循環すると主張したのが、19世紀のフランスの経済学者クレメンス・ジュグラーである。多くの企業は、生産のための機械を10年ごとに新しくする。そのさいには、多額のお金が動くし、新しい機械が稼働すれば生産力はアップする。これによって、10年に一度は好景気がやってくるというもので、この景気の波は「ジュグラーの波」と呼ばれている。

また、20世紀初めのアメリカの経済学者サイモン・クズネッツは、建設需要に着目して、景気は約20年周期で循環すると主張した。住宅や商業施設は約20年ごとに建て替えられることが多いので、それが集中する時期には、建設業者ばかりか、多くの関連企業も潤い、好景気がやってくるとした。この波は「クズネッツの波」と呼ばれている。

20世紀前半のソ連（当時）の経済学者ニコライ・コンドラチェフは、技術革新に着目して、景気は約50年周期で循環すると唱えた。産業革命（1780～1840年代）や鉄道建設（1840～1890年代）、電気や化学、自動車（1890年代以降）といった技術革新が、ほぼ半世紀おきにおき、その後の好景気の原因となると考えた。

さらに、アメリカの経済学者ジョセフ・キチンは、1923年、主に企業の在庫変動に着目して、景気は約40カ月で循環すると唱えた。予想したほどモノが売れなかったり、消費者のニーズがなくなると、それだけ在庫が増える。すると、企業は生産を減らして、在庫を処分し、在庫処分が完了すれば、また生産に力を入れる。その在庫処分に必要な期間に応じて、景気の波がやってくるという説で、「キチンの波」と呼ばれている。

この在庫循環は、長く景気循環の基礎とされていたが、21世紀に入って、経済のグローバル化やIT革命によって、以前ほど明瞭ではなくなっている。

このほかにも、政治不安や国際情勢、為替相場、金利動向、流行など、いろいろな要因が関連して、景気の波は動いている。

「景気対策」って、何をどうすること？

自由主義経済を原則とする資本主義社会には、好景気と不景気を繰り返す景気循環がつきものである。すると、不景気時はもちろん、景気が過熱しても、さまざまな問題が生じてくる。

そこで、問題を緩和し、経済状態を安定させるために行われるのが、景気対策である。

景気対策には、大きく分けて、政府や地方公共団体による「財政政策」と、日銀による「金融政策」の二つの手法がある。

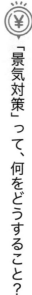

まず、財政政策を代表する手法は、公共投資である。

不景気のときに、道路や橋、公共施設の建設といった公共事業の予算を増やす。すると、建設業者ばかりでなく、その材料や原料を供給する産業、さらに電気や水道、ガラス、家具といったさまざまな関連企業が潤い、そうした企業と従業員の収入が増える。

さらに、懐の潤った企業が設備投資したり、従業員がモノを購入したり、サービスを利用することで、新たな需要が生まれる。つまり、公共事業に予算をつけて世の中にお金をばらまくことで、景気回復を導く手法だ。

もっとも、日本の産業構造は、すでに製造業中心からサービス業、情報産業中心に変わっており、公共事業に投資しても、昔のような波及効果は期待できなくなっている。

また、所得税や法人税の減税も、政府の行う財政政策である。所得税を安くすると、その分、消費に回るお金が多くなり、景気浮揚のきっかけになるという考え方だ。

また、法人税率を下げれば、手元に残る利益が増え、その分を設備投資に振り向ける。こうして、生産活動を活発にして、景気を回復させようというわけである。

なお、コロナ禍の時代、繰り返し行われた定額給付金も、同じような考え方に立つ政策といえる。国民にお金をばらまくことで、消費を拡大しようというわけだ。

一方、日銀の行う金融政策を代表する手法に、金利の上げ下げがある。不景気のときに金利を下げて、お金を借りやすくすることで、新しい投資を引き出す環境を整える。一方、物価上昇が続いているときは、金利を引き上げて金余りを解消する。日本では、長らく金利はそれ以上下げられない水準まで下げられていたが、２０２４年、日銀はようやく金利の引き上げに踏み切り、金融政策の方向性を変えた。

「大きな政府」と「小さな政府」の違いは？

国民は、政府に多くのことを期待する。社会保障を充実してもらいたいし、景気を良くしてもらいたい。道路を造ったり、直したりしてほしいし、公共施設も新しくしてもらいたい。しかし、政府に対して、サービスの充実を求めれば求めるほど、政府の歳出は膨大なものになる。

かつて、1970年代までの先進国では、主に福祉国家を目指し、社会保障を充実させたことが原因で、政府の歳出が膨らみ続けた。

そのように政府の歳出が増えると、その財源は、国民からの税収や保険料などでまかなわれているので、当然ながら国民の負担は重くなった。

それが、1970年代の不景気とインフレの同時進行を招いたとして、肥大化した政府の非効率性が問題にされた。そして、肥大化した政府は「大きな政府」と批判され、先進国では、政府の役割を限定した新自由主義的な経済運営が主流となり、「小さな政府」が志向されるようになった。

イギリスなどでは、小さな政府のもと、政府支出が抑えられ、税率は下げられた。さらに、国営企業や公社の民営化、規制の撤廃、国有資産の売却などが進められた。小さな政府の背景には、政府の経済活動への介入を抑え、市場にまかせることで、いわゆる「見えざる手」が働き、効率の高い経済が実現されるという考え方があった。

ただし、小さな政府を志向してきた結果、先進国では、さまざまなところで格差が拡大するという弊害が生まれてきた。その結果、富を偏在させ、教育の機会均等が奪われたり、階級のような格差が生じてきたと指摘されている。

「経常収支」と「貿易収支」は、どう違う？

国の収支のひとつに、対外的経済取引をまとめた「国際収支」がある。というと、「貿易収支のことでしょ」という人もいれば、「経常収支のことですね」という人もいるかもしれない。「貿易収支」も「経常収支」も、新聞・雑誌でよく見かける言葉だが、両者はどのように違うのだろうか？

まず貿易収支は、モノの輸出入の差額を集計した額。輸出から輸入を引いた額がプラスなら黒字、マイナスなら赤字になる。これは、その国の国際競争力を端的に示すモノサシといえる。

一方、経常収支は、貿易以外の対外取引も含めた収支の総称になる。対外取引は四つのタイプに大別され、ひとつは前述の「貿易収支」であり、二つめは運輸や保険、旅行などの動きを示す「サービス収支」である。たとえば、インバウンド客が買い物をしたり、食事をした分は、サービス収支の黒字として計上される。

三つめは「所得収支」で、日本企業が海外で得た収益から、外国企業が日本国内で得た収益を引いた額。四つめは「経常移転収支」。海外援助や国際機関への拠出金など、対価を伴わない物資、サービスの取引を計上したものだ。

つまり、「貿易収支は、経常収支の1項目」ということになるが、経常収支のうちの多くを占めるのが、貿易収支でもある。

「マクロ経済」と「ミクロ経済」って、どう違う?

経済学の入門書を読むと、最初のほうに「マクロ経済学」と「ミクロ経済学」という用語が出てくる。経済学は、アプローチ方法の違いによって、マクロとミクロの二つに分けられるのだ。

「マクロ」とは、巨視的とか総体的という意味。マクロ経済学は、大きな視野から経済社会全体の流れを分析し、とらえていこうとする学問だ。

具体的には、ＧＤＰや物価指数といった経済活動の集計量のデータを分析し、国や地域全体の経済の動向を見る。簡単なところでは、「景気が悪い」とか「デフレが進行中」といった言い方は、マクロ経済学の用語ということができる。

一方、ミクロ経済学は、家計や企業の経済活動に着目する。一人ひとりの消費者や企業の活動を分析し、そこから需要と供給の関係を説明したり、各市場のメカニズムなどを明らかにする。

その意味で、具体的な経済生活や売買の分析から、現実の経済の姿を浮かび上がらせていこうとする学問といえる。

現在、経済の実態を正しく分析するには、マクロ経済学の視点とミクロ経済学の視点双方が必要とされ、双方の経済学を学ぶことが専門的な経済知識を身につける基礎となる。

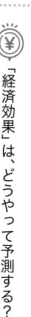

「経済効果」は、どうやって予測する？

オリンピックが開かれたり、阪神タイガースの優勝といったお祭り騒ぎがあると、経済研究所や大学教授などが、その「経済効果」を発表する。たしかに、「阪神タイガースが日本一になると、その経済効果は995億円」などといわれると、阪神ファンでなくても、なんだか浮かれた気分になってくるものだが、この経済効果という金額、一体どのように計算されているのだろうか？

たとえば、プロ野球チームが優勝しそうな場合、観客動員数が増加し、優勝すればデパートやスーパー、商店街や居酒屋などで優勝セールが行われる。その場合、観客数の増加でチケット売上がアップする分はもちろんのこと、チケットの印刷代、インク代、紙代、それを請け負う印刷会社の売上まで、それぞれいくらになるか予測される。加えて、関連グッズの売上や、球場内での飲食代、球場までの公共機関や周辺駐車場の代金もいくらになるか予測され、加算されていく。

また、デパートの優勝記念セールで30億円の売上があると予測すれば、そのデパートが納入業者に支払う代金、さらに納入業者がメーカーに支払う代金も、それぞれ合計して積み上げられていく。これに、便乗セールを行う商店街や居酒屋などの売上も加え、最終的な経済効果が予測されている。

それぞれのコストも予測され、考慮されるが、しょせんは机上の大ざっぱな計算というのが実情である。しかも、その後、現実にどれだけの経済効果があったかが、詳細に検証されることはない。じっさいのところ、景気のいい数字が独り歩きしているにすぎないという人もいる。

銀行はどのようにして生まれた？

現在のような形態の銀行が現れたのは、中世末期のイギリスである。当時、主要な決済手段は、金（ゴールド）であり、商業が活発になるにつれて、多額の金を抱える者が現れた。ところが、金を手元に置いておくと盗まれるリスクが高まるため、当時、ロンドンでもっとも頑丈な金庫を持つとされた金細工商のゴールド・スミスに預ける者が増えはじめた。それに対し、引き受け手のゴールド・スミスは、富裕層から金を預かるさい、預かり証を発行するようになった。

やがて、ゴールド・スミスは、自社の金庫内の金が、ある一定量を下回らないことに気づく。金所有者が金を引き出しても、他の人がすぐに預けに来るし、金そのものを取引する代わりに、預かり証のやり取りをする者が増えたからだ。そこで、ゴールド・スミスは、預かった金の貸し出し運用を開始した。これが、現在の銀行の起源といわれる。

また、金の代わりにやり取りされた預かり証が、現在の紙幣のルーツのひとつともされる。

その後、同業者がイギリス全土に現れ、それぞれが独自の預かり証を発行したので、混乱が生じるようになった。そこで、１６９４年、預かり証を発行する権限を持つ銀行として、イングランド銀行が設立された。以後、イングランド銀行が中央銀行、それ以外の銀行は、預かり証（紙幣）を預かる商業銀行として発展した。

ちなみに、通貨の保管や両替をしたり、貸付の仕事をする機関は、すでに古代エジプトの時代からあったことがわかっている。だが、その後の古代ローマ時代になっても、通貨自体があまり流通しなかったので、古代の金融機関はほとんど発達しなかった。

その後、中世になって、ヨーロッパにいくつもの小国家ができると、国ごとに通貨を発行するようになった。10世紀になると、各国に、手数料を取ってそれらの通貨を交換する「両替商」が登場し増えていく。現在の英語でいう「バンク（bank）」という言葉は、この時期のイタリアの両替商に由来している。

当時の両替商は、机の上にさまざまな通貨を並べ、それらに含まれている金銀の量目を調べて、両替の基準をつくった。イタリア語で「机、ベンチ」を意味する言葉が「バンコ（banco）」であり、やがてそれが両替商の名になり、銀行を意味する言葉にもなったのだ。

日本銀行に口座は開けるか？

「日本銀行に口座をつくれるか？」と問われると、「いいえ」と答える人が多いことだろう。しかし、その答えは、厳密には正解といえない。

たしかに、一般の銀行とは違い、個人や一般企業は、日銀に口座を開くことはできない。だが、政府や銀行、外国の中央銀行、国際機関などは、口座を持つことができる。日銀は、預かり金業務を行っていないわけではないのだ。

ただし、日銀の預かり金業務の主たる目的は、日本の中央銀行として、決済システムを円滑に運行させること。そのため、主な対象は、賃金決済などを担っている金融機関という制限がある。また、銀行間の決済は、日銀に置かれた当座預金が利用されている。日銀が「銀行の銀行」と呼ばれるのは、このためである。

そもそも、一般の銀行は、日銀に対して一定額の資金を積み立てておかなければならない。これを「準備預金制度」という。逆に、一般の銀行は、日銀から借り入れも行っている。そのときの利率は日本経済の動向に対して重要な意味を持っている。

もっとも、金融機関のなかでも、信用組合や労働金庫、農業協同組合、漁業協同組合などは、日銀に口座を持てない。それらの金融機関が、会員のための組織という性格が強いことが主な理由である。

また、日銀は、「政府の銀行」とも呼ばれるように、政府は、国税や社会保険料など国民から受け入れた資金を日銀の口座へ預け入れている。この税金の管理など国庫金の出納も、日銀の重要な業務のひとつである。

なお、日銀を国の機関だと勘違いしている人は少なくないが、正確には特別な法律（日本銀行法）に基づいて設立された認可法人である。政府からの独立性を示すため、株式会社のように株式に当たる「出資証券」が上場されている。ただし、出資証券の55％を政府、残りの45％を民間が持つよう決められている特殊な〝株式〟といえる。

金利はどうやって決まるのか？

今のような低金利時代では、ほんのわずかだとしても、銀行にお金を預けると利息がついてくる。一方、銀行で住宅ローンを組むと、利息を支払わなければならない。このように、お金の貸し借りには「金利」が生じ、借り手が貸し手に対して支払っている。

では、金利はどのようにして決まるのかといえば、原則として、資金の借り手（調達者）と貸し手（運用者）による市場で決まる。価格が需要と供給の関係で決まるのと同じように、金利は借り手と貸し手のバランスによって決まってくる。

借り手と貸し手がお金をやり取りする市場は、「金融市場」と呼ばれている。金融市場には、大きく分けて、1年以内の資金調達、資金運用が行われる「短期金融市場」と、1年以上の長期間で資金をやりとりする「長期金融市場」の二つがある。

日銀など各国の中央銀行が、金利水準の誘導を行うこともあるが、日々の金利は、短期と長期という二つの金融市場で、大手銀行や生命保険会社、外国の金融機関などの動向によって決まっている。

大手銀行は、短期金融市場で頻繁にお金の出し入れを行い、生命保険会社は主に貸し手として、より有利な運用対象を求めて資金を運用している。この市場で決まる金利が、預貯金の利息やローンの金利、為替・株式相場の動き、債券などの価格に影響をおよぼしてくるのだ。

金融機関の「格付け」って、どんなもの？

金融機関の信用度や、銀行や証券会社が発行する債券の安全度は、素人にはわかりにくい。世の中が複雑になり、金融のプロにも、すべてを把握することはできなくなっている。そこで必要になったのが、金融機関や個々の債券の「格付け」である。

格付けは、もともと投資判断の基準として、アメリカで発達したもので、元本や利息の支払いが契約どおりに行われないリスク（信用リスク）を、誰にでもわかりやすいランキング方式で表示したものだ。信用力がもっとも高い「ＡＡＡ（Ａａａ）」から信用力のもっとも低い「Ｃ」までと、債務不履行に陥っている状態を意味する「Ｄ」がある。

その格付けは、いわゆる格付け会社が行っている。アメリカのＳ＆Ｐやムーディーズがよく知られ、日本でも格付けを行っている機関が数社ある。格付け会社では、財務状況や本業の業績、将来性などを独自の調査に基づいて分析し、金融機関や個別の証券につけた格付け情報を投資家に提供している。

かつて日本では、銀行が倒産することはなく、債券も安全性の高いものしか発行を許されなかったので、格付け情報はあまり必要とされていなかった。１９７９年、日本公社債研究所が設立され、試験的に格付けが行われるようになり、１９８５年から本格的に行われるようになった。

格付けの注目度が上がったのは、1997年11月の山一證券の経営破綻以後のことである。当時、経営不安が噂されていた山一證券の社債に対して、ムーディーズが投資不適格と格付けした。すると、投資家が山一證券との関わりを控え、金融市場からの資金調達の道が閉ざされた同社は、経営破綻へと追い込まれた。

この一件は、日本の大手証券会社が、アメリカの格付け会社から〝退場宣告〟されたようなものだった。さらに、山一の破綻後、債務超過の事実が明るみに出たことで、投資のプロたちも、格付け会社の分析力を認めるようになったのである。

しかし、この格付けの動向が過大評価されるようになったことによる、弊害も出てきた。

2007年から2010年にかけての金融危機（いわゆるリーマンショック）も、本来は信用性の低いサブプライムローン（低所得者向けの住宅ローン）を含む証券に、格付け会社が高い格付けを与えていたことが、証券の乱発を招き、危機の引き金をひくことになった。

「為替」って、どんなもの？

「為替」と聞くと、ドルに対する円レートのように、「外国為替」を思い浮かべる人が多いだろう。だが、そもそも「為替」は、現金以外の方法によって、金銭を決済すること全般を指す言葉。大きく分けて、為替手形や小切手、郵便為替、銀行振込など国内で行われる内国為替と、通貨を異にする国際間で行われる外国為替の二種類がある。

たとえば、内国為替の場合、遠方で一人暮らしをする大学生に、親が生活費を銀行口座に振り込むのも為替だし、スマホの料金を銀行口座からの引き落としで支払うのも為替の一種である。

この為替は、一説によれば、古代バビロニアや古代エジプトにも、それに近い制度が存在したといわれるが、今日の意味でいう為替に近いものは、中世ヨーロッパで、貨幣を運搬するリスクを避けるために生み出された。

日本では、江戸時代の大坂の米取引市場で、現在と同じような為替取引が発達した。

円安、円高はなぜ起こる？

なぜ円は、ドルなどの外貨に対して、高くなったり安くなったりするのだろうか？　この円とドルを含めた外貨の関係は、モノの値段の決まり方とよく似ている。外国為替市場で、外貨に対して、円の需要が高くなれば、円は高くなるし、反対に円の需要が下がり、ドルやユーロの需要が上がれば、円は安くなる。

たとえば、近年、円安が進んだのは、アメリカ（ドル）の金利が上がり、低金利の円で運用するよりも、ドルで運用したほうが利回りがよくなるため、ドルが買われたことが大きな要因になった。

一方、かつての円高の時代には、ドルやユーロで運用する魅力が乏しく、リスクも高かったことから、円で運用しようという機関投資家などが、ドルやユーロを売り、円を買っていたのである。

現実には、そうした金利の内外格差や経済の安定性に加えて、投資家の思惑がからみ合って、円は高くなったり、安くなったりしている。

95年前の「世界大恐慌」のはじまりは?

1929年に始まった世界大恐慌は、バブルの崩壊をきっかけとして起きた。「株と不動産は上がり続ける」という雰囲気のもと、過剰な投資が行われた結果、株価などが暴落すると、金融機関が多額の損失を抱えるに至った。さらに、政策ミスが重なって史上最大級の経済危機を招くことになる。

具体的にいうと、1929年10月24日、ニューヨーク証券取引所で株式が大暴落、株価はその後も下がり続け、預金を下ろそうとする人たちが、銀行に殺到して大混乱となるなか、銀行がつぎつぎと破綻。企業の倒産も相次ぎ、最終的にアメリカで働く人の4分の1が失業した。

アメリカ経済の影響は世界に広まり、1931年5月には、オーストリアの大銀行クレジットアンシュタルトが破綻。さらに同年8月にはドイツの全銀行が閉鎖される事態となった。

当時は各国が金本位制をとっていたので、経済危機に陥ると、経済の根幹である金が流出した。その金流出によって、第一次世界大戦後、復興の道を歩んでいた各国は、壊滅的な打撃を受けた。

当時、金本位制に復帰したばかりの日本でも、金が大量流出し、のちに「嵐の中で雨戸を開けた」と批判されることになる。その結果、「昭和恐慌」と呼ばれる大不況を招き、企業が連鎖倒産して、失業率はじつに20％を超えた。食事も満足にできない「欠食児童」と呼ばれる子供たちが街にあふれかえる状態になった。日本だけでなく、世界中で多くの人々が腹を空かせ、生きる希望を失っていった。そして、ついには世界大恐慌は第二次世界大戦を招く大きな原因になっていく。

Step 4

そのお金、
一体いくら？

Understand Prices, Understand the Economy

救急車の1回あたりの出動費用は？

全国の救急車の出動件数が、うなぎのぼりに増えている。東京の例でいうと、2023年中の都内の救急車の出動件数は91万7472件で過去最多。1970年代半ば以降、増加の一途をたどり、1日平均では2514件、約34秒に1回の割合で出動した計算になる。

命を救うために24時間ひっきりなしに走り回っている救急車だが、むろん、どんなに出動しても料金はゼロ。利用者が負担する必要はない。だが、それをいいことに、近年、救急車を〝タクシー代わり〟にするなど、利用者のモラル低下が大きな社会問題となってきた。

「擦り傷」「歯痛」「コンタクトがはずれない」といった理由で119番に通報する人もいれば、搬送後に「タクシーでも行けたでしょう」と救急隊員に指摘されて、逆ギレする人もいるというから始末が悪い。

過去には、1年間に50回近くも救急車をタクシー代わりに呼んだ人もいたように、救急車をタクシー代わりにする人には〝常連〟が多いのだが、救急隊員は住所を聞いて「またアイツか」と思っても、本当に急を要する場合を想定して、やはり駆けつけるしかないのだ。

しかし〝タダ乗り〟できる救急車にも、燃料費や人件費、維持費などがかかっている。一体、1回の出動にどれくらいの費用が必要かというと、ざっと4万5000円。国では、すでに民間委託を含めた救急車の有料化を検討してはいるが、なかなか実施には踏み切れていない。

電柱の借地料とは？

パリの街が美しいのは電柱がないからだ、とよくいわれる。事実、景観に厳しいパリは100％の「無電柱化率」を誇る街。無電柱化とは、道路から電柱や電線をなくす事業のことで、日本でも国土交通省が推進しているが、日本の市街地の無電柱化率は進捗率が高い東京都内でも5％ほど。日本は、電柱と電線だらけの国なのである。

じっさい、電柱は日本中どこにでも立っているが、地方へ行くと、民家の敷地内や畑にも電柱が立っているのをよく見かける。じつは、そうした電柱は、電力会社やNTTが土地を借りる形で立てたもので、地主には借地料が支払われている。1967年、電柱や送電鉄塔などを建てるさい、土地を借りたときは、「電柱敷地料」を払うことが閣議決定されて以来の取り決めだ。

そう聞くと、地価の高い土地に住んでいる人は、「もし、わが家の庭に電柱が立つようなことになれば、けっこう儲かっちゃったりするワケ？」と思うかもしれないが、残念ながら都会の一等地だろうが、ヘンピな田舎だろうが、電気通信事業法に基づいて決められていて、入ってくるのは、年に数百円から数千円までの金額だ。ただし、畑やたんぼの場合は、宅地よりも借地料はやや高め。農作物への影響に配慮して、高めに設定されている。

では具体的に、借地料はどうやって支払われているのだろうか？　たとえば購入した土地に電柱が立っていた場合、その電柱が電力会社のものなら電力会社と、N

TTの電柱ならNTTと契約を結ぶ。そのさい、借地料を毎年支払うか、何年分かをまとめて支払うかなどは、契約者との話し合いで決められている。

ホテルのお風呂の水もれ、一体いくらかかる？

ホテルの部屋に戻り、「あ〜疲れたぁ……」とバスタブの蛇口をひねったまま、うっかり眠り込んでしまった。気づいたときには、風呂から水があふれて部屋が水浸しに！

こんな旅先のアクシデント、ときおりそんな失敗談を耳にしても、「ホントにそんなマヌケな人、いるのぉ〜？」と笑って聞いている人が多いことだろう。ところが、ホテルに聞いてみると、半年から1年に一度は実際にあることで、〝水浸し事件〟はけっして珍事ではないという。

万が一、部屋を水浸しにしてしまったら、損害賠償にはいくらくらいかかるのだろうか？

これには、明確な〝価格設定〟はなく、被害に応じてケースバイケースで決まる。たとえば、カーペットを1回洗浄する程度でキレイになる〝軽症〟の場合、5000円ほどですむ。

しかし、カーペット一室丸ごと張替えるとなると、バカにならない金額に。高級ホテルのカーペットには、それなりの高級品が使われているので、実費だけで20万円を超すこともある。

さらに、客室が数日間使えなくなったときは、部屋の修繕費の実費のほか、数日分の営業費も請求される。そうなると、もはやうっかりではすまされない金額だ。

もっとも、旅先でのアクシデントなら、「旅行保険」によっては、部屋の水浸し事故はもちろん、家具や備品を壊してしまったというときも、補償してもらえる。

警察の調書作成に協力したら、謝礼は出るか？

早朝のジョギング中、公園の植え込みに倒れている人を発見した。不審に思って近づいてみると、その人は死んでいた！――「ギャーッ！」。刑事ドラマにありがちなシーンだが、通報後、第一発見者が警察で事情を説明するシーンは、ドラマにはまず出てこない。

しかし、現実には、捜査協力のために警察に呼ばれ、数時間におよぶ事情聴取や、調書の作成に協力することになる。これは、当て逃げを目撃したとか、痴漢と遭遇した場合も同じ。調書作成に数時間かかるのはザラで、おかげでその後の予定がすっかりくるってしまうということもある。

その対価として謝礼ぐらいあってもよさそうだが、じっさいはどうだろうか？

警察で事情聴取を受けたり調書作成に協力したときは、交通費などの実費、それに拘束時間が長い場合には、日当を払うことになっている。

ところが、体験者に聞いてみると、「交通費は出た」「何ももらえなかった」など、ケースによってバラバラなのだ。

そんな不公平が生じるのは、遠方から来た人への交通実費は黙っていても支払われるが、日当や謝礼に関しては、警察からはいちいち切り出さないケースが多いからだという。

基本スタンスは〝善意の協力に金銭的報酬はナシ〟ということらしい。なお、裁判所で目撃証言などをするさいは、裁判所から交通費の実費と日当が支払われることになっている。

そうなると、国会に参考人招致された場合についても知りたくなってくる。

疑惑の渦中にある人が参考人として呼ばれた場合でも、政策の専門家が参考人として意見を述べた場合でも、日当と交通費（都区内は対象外）が支給されている。遠方からの出席で1泊しなければならないときは、宿泊費も出る。

日当には規定があり、質疑に要する時間によって金額が決められている。

ただし、これは民間人の場合だけ。現職の議員は公務員扱いとなるため、日当はもちろん交通費も出ない。

F1チームの運営費用は、いかほど？

時速300キロを超える猛スピードで、カーブや起伏のあるコースを轟音とともに走り抜けるマシン。自動車レースのなかでも、世界最高峰のモータースポーツがフォーミュラワン、Ｆ１グランプリである。

そのＦ１に参戦するには、どれくらいのお金が必要なのだろうか？

最先端技術を惜しみなく注ぎ込むＦ１チームの運営に大金が必要なことは誰にでも予想がつくが、その金額は文字どおりケタ違いである。

たとえば、Ｆ１マシン１基の製造コストは、イギリス紙『サン』の算定によると高いケースで約35億４０００万円。

人件費も膨大な金額にのぼる。有力自動車メーカーがバックアップするＦ１チームの場合、２台のマシンを１年間24戦走らせるために、数百人のスタッフを抱えている。

大勢のスタッフを連れてグランプリに参戦すれば、宿泊ホテル代だけでも数千万円単位。Ｆ１ドライバーへのギャラも必要だ。最高レベルのドライバーになると、約70億円にもなる。

というわけで、一流ドライバーを抱えるトップチームの予算はざっと見積もっても、年間６００億円以上。小さなチームでも１００億円近いお金が必要となる。

チーム間の格差を縮めるため、2021年以降予算上限額が設定されるようになり、2023年は1億3500万ドルだった。ただし、ドライバーの報酬など除外されているコストもある。

スポーツ選手の海外合宿には、どれくらいかかる？

マラソンのトップランナーは、頻繁に海外で強化合宿を行っているが、その行き先は、アメリカのコロラド州・ボルダーなど、標高の高い場所が多い。選手たちは、そこで心肺機能を鍛えるため、高地トレーニングを行っているのだ。

合宿というからには、短くても1カ月くらいは滞在するわけだが、その間の生活費や旅費は、選手の所属企業がスポンサーになってくれる。とはいえ、合宿は観光旅行ではないので、グルメや観光スポットとは無縁の話だ。

ということは、海外とはいえ、合宿費って意外と割安なんじゃや？　と思うかもしれないが、じつはその逆。海外合宿は、トレーニングを目的とした〝大プロジェクト〟であり、観光旅行よりも、はるかにコストがかかるのだ。

たとえば、ボルダーで1カ月の合宿をした場合の総予算は、少なく見積もっても数百万円。なぜ、そんなに費用が必要なのだろうか？

基本的な内訳はざっと以下のとおり。飛行機代が20万円として、現地で借りるレンタカー代が1カ月25万円。宿泊費は、モーテルの1人部屋が1日100ドルとして1カ月3000ドル＝およそ45万円。食費は基本的に自炊だが、それでもたまの外食分を含めて、1人10万円はかかる。

そして最も大きな出費は人件費。選手は、1人で合宿するわけではなく、監督、コーチ、練習パートナーなど、チームで行動するのが基本だからだ。選手の体調管理に必要な栄養士、マッサージのできるトレーナーなども随行すれば、渡航費用と人件費にそれぞれ数十万円ずつかかる。

こうした合宿を1年に何度も行えば、軽く2000万円は超えてしまう。効果が高いことから行われている高地トレーニングだが、かかる費用も高いというわけだ。

公共物破損事故の賠償金は？

どんなに安全運転を心がけていても、事故を起こさないとはいいきれない。そんな「まさか」のときのためにあるのが自動車保険。ドライバーならご存じだろうが、クルマの保険には自賠責保険と、任意の自動車保険があり、前者は強制加入である。だったら、任意保険に加入しなくてもいいのでは？　と思うだろうが、自賠責保険は、対人事故には最低限の補償をしてくれるが、対物事故は補償の対象外。つまり、信号機に激突して壊したりすると、賠償金を負担しなければならなくなる。

公共物を破損すると、賠償金はどれくらいになるのだろうか？　対物事故で最も多いのは、ガードレールへの激突事故だが、ふつうのガードレールなら、1メートルあたり5000円ぐらい。また、小型タイプの標識は10万円、カーブミラーは4～10万円といったところだ。しかも、それはモノだけの値段。公共物を設置する工事費、つまり人件費を加えると、負担額は一挙に膨れ上がってしまう。破損状況によるがガードレールなら10万円以上、カーブミラーなら20万円以上である。

一般のドライバーが最も気になるのは、「何を壊すと大変なことになるのか」ということだろう。事故件数も多く、賠償金が高いのは、何と言っても信号機だ。工事費込みの値段でいうと、横断歩道の歩行者用信号機はおよそ350万円。自動車用信号機は750万円、交通量に応じて表示時間が変わるハイテクの時差式信号機になると、なんと1000万円以上になる。

万が一、任意保険に加入していないドライバーがこうした公共物を複数壊してしまった場合、自己破産ということにもなりかねない。

満員御礼の大入袋の中身は？

満員御礼といえば、大相撲の垂れ幕を思い浮かべる人が多いだろう。

その垂れ幕がかかり、場内が大入りとなったとき、先客万来を祝って、関係者にはあるものが配られる。縁起物のご祝儀、「大入袋」である。

この風習、もともとは大相撲ではなく、明治時代の半ばに歌舞伎公演で配られ始めたのが最初。その後、演劇業界だけでなく、大相撲、プロ野球、映画などの興行でも出るようになった。

プロ野球では、最初に大入袋を出したのは読売ジャイアンツ。ついで阪神、広島が大入袋を出すようになり、今でも満員御礼のときには、監督やコーチ、選手、球団関係者のほか、報道陣にも配られている。袋には「大入」の文字とともに、球団マスコットのイラストが入っているなど、デザインはオリジナリティ満点。非売品とあって、インターネットオークションではマニアの人気を集めてきた。気になる袋の中身だが、プロ野球の大入袋の中身は「100円」。「え、それっぽっち？」と思うかもしれないが、縁起物に金額の大小は関係ないのだ。

『笑点』の座布団の値段はいくら？

「おーい山田くーん、座布団1枚持ってきて！」といえば、おなじみ日本テレビのご長寿番組『笑点』の大喜利コーナー。面白い答えに対して「座布団1枚！」となることは、どなたもご存じだろう。

出されたお題に対して、面白い答えでセンスや芸を競いあうスタイルは「大喜利形式」と呼ばれ、今ではさまざまなバラエティ番組でも応用されている。

ところで、『笑点』が大喜利の小道具に座布団を使うようになったのは、その前身である『金曜夜席』という演芸番組から始まったもの。それ以前の大喜利は、回答者がミスをしたり間違えたりすると、顔にスミを塗ったり、ハリセンで頭を叩いたりして笑いをとっていた。

じつは、座布団をやりとりするアイデアは、江戸時代の「牢名主」からヒントを得たものだという。

その昔、監獄に閉じ込められている囚人にも序列があり、エライ囚人（？）は畳を積み重ねて高いところに座っていた。

そこから、座布団を重ねるというアイデアが生まれたのである。畳ではなく、座布団になったのは、座布団が落語に欠かせないアイテムだから。

その座布団、長い番組の歴史のなかで、何度か色が変わっている。立川談志が司会の頃は淡いブルー、現在は紫色である。紫の地に笑点の文字が白抜きで描かれているのだが、これが1枚3万5000円もする高級品なのである。

たかが小道具にと思うかもしれないが、座布団は笑点の〝顔〟。出演者のほうも、ペラペラの座布団の上に座らされても、イマイチ気分が出ないのかもしれない。

大喜利では、シャレた回答を重ねて10枚たまると賞品がもらえるルールだが、座布団10枚の上に座れば35万円。ヘタな賞品よりも、座布団のほうをもらいたい!?

海や山での救助費用はいくらかかる?

海や山で遭難したとき、助けてもらうには、いくらくらいかかるのだろう。

まずは、夏に急増する海での遭難から見ていこう。海上保安庁が救助活動を行った場合は、国の機関なので無料である。また、遭難した船が地元の漁船に救助されたという話をニュースで耳にするが、これは漁業従事者やマリーナの関係者で組織されるボランティアの活動によるもの。海で遭難があった場合、海上保安庁や地元警察から全国の救難所へ情報が入り、そこから出動指令を受けたボランティアの船が、現場へ向かって救助活動を行っているのだ。

この人たちに助けられた場合も無料ですむが、そのほかにヨットやクルーザーなどプレジャーボートの所有者向けに、会員制でレスキューサービスを行う団体もある。いわば〝海のＪＡＦ〟のような存在で、年会費の数万円を払えば、エンジン故障で動けなくなった場合などに、修理や曳航サービスを無料で受けられるのだ。ただし、魚網を切ってしまった場合の弁償代は自己負担。その弁償に数百万円もかかることもある。

一方、山での遭難はどうだろうか。これも、警察の救助活動なら、ヘリが出動しても無料。しかし、いつも国の機関だけで救助できるとは限らない。遭難者が行方不明の場合や天候が悪化したときは、民間の力を借りることになる。

たとえば、公共のヘリコプターは、悪天候の場合には、飛ばないことが多いからだ。そこで、山岳救助に長けている民間ヘリコプターが救助に向かうことになるのだが、費用は高い。民間のヘリを頼むと、チャーター代は1時間60〜70万円ほど。また民間の救助隊員の日当は1人当たり3万円程度、冬山ならもっとかかる。

さらに、救助に使用する手袋やカッパなどの備品、交通費なども含めると、ウン百万円という費用になってしまう。運よく一命をとりとめても、山岳保険に加入していないと、後から送られてくる請求書を見て心臓が止まりそうになるかも!?

旅客機への楽器持ち込み料金は？

飛行機に乗るとき、持ち込める手荷物は1個。これは身の回りのメガネやカメラを入れた小さなポーチを持ったとして、そのほかにバッグを1個という意味だ。

そのバッグにも、サイズや重量の規定がある。航空会社では、その制限をおおむね次のように定めている。国際線の場合では、「3辺の和が115センチ以内で、各辺の長さが55センチ×40センチ×25センチ以内、かつ10キロ以下のもの」で、「3辺の和には付属品部分（ハンドル、車輪など）を含む」となっている。

この規定からはずれれば、手荷物とは認められないわけだが、それでも手元に置いておきたい荷物もあるだろう。たとえば、オーケストラの演奏家が大切な楽器をキャビンに持ち込んだ場合、その料金はどうなるのだろうか？

楽器の機内持ち込みは、航空会社が手荷物と認めれば、むろん無料だが、席に置く場合には専用チケットが必要だ。で、体が大きい人などが2席使うときに支払う特別旅客料金の支払いが必要になる。料金は国内線は半額程度だが、国際線だともう1座席分の料金を負担しなければならない。さらに大きな楽器、たとえば、180〜200センチと大型のコントラバスは、エコノミーでは4席分の座席代が必要。しかも、4席並べるためには、中央に4列並ぶジャンボジェット機でなければならず、ほかの機種では、専用ケースに入れて貨物室に預けることになる。

一方、125センチほどのチェロはどうだろうか？　多くの航空会社では、チェロ専用に1席分のチケットを買う決まりだが、なかには3席分という航空会社もあるという。じつは過去、JALもチェロを運ぶのに必要な座数を1席から3席に改定したことがある。チェロをケースに入れた場合、横にして置く必要があると判断されたためだ。しかし、これには演奏家たちの反対の声が大きく、すぐにまた「1席分」に戻されている。

国が出す〝賞金〟っていくらくらい？

国民栄誉賞や文化功労者、文化勲章など、国や政府から贈られるさまざまな賞や称号がある。これらの賞や称号に使われる費用は、もとはといえば税金。どんな賞や称号にいくらくらい使われているのだろうか。まず「国民栄誉賞」から。これは、福田赳夫元首相が政権を担っていた時代に創設されたもので、最初の受賞者は1977年にホームラン新記録を樹立した王貞治氏である。

国民栄誉賞では、「賞金」という言い方はせず、「記念品又は金一封」を贈ることになっている。ただし、過去に「金一封」を贈呈したことはなく、すべて記念品（100万円程度）が贈られている。

一方、選ばれると年金をもらえるのが「文化功労者」。文化功労者年金法によって、年間350万円の終身年金がもらえるのだ。「文化勲章」の受賞者は原則として文化功労者の中から選ばれるので、やはり同額もらっていることになる。

Step 5

あの「人」の財布の中身を拝見します！

Understand Prices, Understand the Economy

イーロン・マスクの資産は？

アメリカの経営者、イーロン・マスクは、テスラ（電気自動車メーカー）やスペースX（宇宙船産業）などの創業者。そして、Twitterを買収し、Xに変えた人としても、よく知られている。

今、彼は世界一クラスの資産家であり、アメリカの雑誌フォーブスの『2023年版世界長者番付』によると、その資産は、推定で1800億ドル程度。日本円にして約24兆円と見られている。

なお、フォーブスによると、彼は、2022年には世界第1位の資産家だったが、2023年は買収したTwitter（X）の株式の下落などで、資産を減らし、世界第2位にランクを落としている。

では、2023年現在、世界一の金持ちは誰か？　アマゾンかメタの創業者あたりと思った人もいるだろうが、これが意外にアメリカ人ではなく、ベルナール・アルノーというフランス人がトップに輝いている。

アルノーは、ルイ・ヴィトンやディオールなどを傘下におさめるＬＶＭＨグループの最高経営責任者。その資産総額は２１１０億ドル（約28兆円）にのぼり、初めて首位に立った。

なお、日本一の資産家は、ユニクロを運営するファーストリテイリングの会長兼社長の柳井正氏。約３５４億ドル（約5兆３０００億円）と見られている。

本当に腕次第？　コックさんのふところ事情とは？

どんな仕事でも、努力なしに突然成功することはありえないが、苦しい修業に耐えられない人は、絶対に成功しないといいきれるのが、料理人。なにしろ、学歴も家柄もいっさい関係なし、腕一本がものをいう世界だ。

見習い時代は、先輩コックの雑用や皿洗いが中心。包丁を持たせてもらえるようになっても、最初のうちは、野菜を一日中切っているだけ。そんな下積み時代を経て、一人前になってからも、勤務中は立ちっぱなしだし、火を使う厨房内は、夏はとんでもない暑さになる。寸胴《ずんどう》鍋を運んだり、フライパンを振ったりするため、腰痛や腱鞘炎になる人も多い。

しかし、そんな仕事だからこその夢もある。腕を磨いて独立し、自分の店を持つことだ。その店が人気になって知名度が上がれば、店の売上のほか、テレビ出演やレシピ本の出版などの副収入も入ってくる。

一方、コックが目指すもうひとつの大きな夢に、ホテルの料理長がある。一流ホテルの総料理長を務めれば、G7サミットのディナーなど、街のレストランでは経験できない大仕事がまわってくることもある。ホテルで働く場合、新米コックの年収は300万円以下だが、それに対して、総料理長になると年収1500万円以上にもなる。だが、一流ホテルには100人以上のコックがいる。その地位にまで昇りつめる人はほんの一握りだ。

では、ごく一般的な料理人の年収は、どれくらいだろうか。「令和4年賃金構造基本統計調査」によると、調理師の平均年収は約340万円。この金額を見ても、決してラクな商売とはいえないが、雇われコックをやめて、地元で小さな居酒屋をはじめたら、これが大当たり！　というミラクルがじっさいに起きるのが、飲食店の面白さ。

こつこつとまじめに腕さえ磨いておけば、そんなチャンスがいつの日かめぐってくるかもしれない。そういう日を夢見て、日々精進を重ねている料理人が少なくないのだ。

勤務医の収入は、実際どうなっているの？

お医者さんといえば、高収入の職業の代名詞。ただ、大学病院などの勤務医の収入は、1100～1200万円と、社会全体から見れば高給ではあるが、一流企業のサラリーマンなどの〝高給取り〟と比べれば、ごく普通の収入である。むしろ、命をあずかる重責、不規則でハードな仕事内容を思えば、決して高給とはいえないかもしれない。

ただし、それは表向きの話。医師の収入は、表立っては語られないが、「表の収入」「アルバイト収入」「第三の収入」の3本立てになっているといわれてきた。実際はどうなのだろう。

たとえば、40歳の都内大学病院の勤務医の年収を見てみよう。

まず病院から支給される基本給に、医師特別手当、賞与などがついて1100万円。これに「アルバイト収入」が加わる。別の病院の外来診療を月2回するとして、半日3万円×2、当直が月1回で6万円で計算すれば、年間ではだいたい150万円の収入になる。

ほかに、講演会への出演、病院から支給される研究費などを含め、年間100万円ほどの収入が見込める。

さらにもうひとつ、「第三の収入」として大きいのが、患者の家族からそっと渡される謝礼だといわれてきた。しかし、最近では、病院の壁などに「当病院は、医師・看護師への謝礼は一切お断りしています」という張り紙を目にすることが多くなっているのはご存じの通り。

というわけで、現状では、勤務医は開業医のような〝実入り〟にならない、というのが相場のようだ。

美容師のステップアップと収入の関係は？

女性が今ほど社会進出していなかった時代、手に職をつけたい女性は、美容師になることを学校の先生にすすめられたものだ。美容師には免許が必要だが、腕さえあれば、全国どこへ行っても仕事ができる。つまり、それだけ〝手堅い仕事〟だったのだ。

それは、今でも変わっていないが、近年では、美容師にもカリスマと呼ばれる人もいる。有名美容院が並ぶ東京・青山周辺には、数々の「カリスマ美容師」のいる人気サロンがあるのだ。

一時は、そんなカリスマ美容師をマスコミが盛んにもてはやしたものだ。それはやや下火になってはいるが、やはり評判のいい美容師に担当してほしいという人は多いのだ。今も人気の美容師なら、月に１００万円は稼いでいる。なかには、講演会やショーへの出演で、月２００万円も稼ぐ人もいるのだ。

もっとも、そんな美容師は、業界のなかでもほんの一握り。それに、彼らも一人前の技術者になるまでには、長く厳しい下積み時代を経験している。

美容師は、サロンに就職しても、すぐにお客の髪を切れるわけではない。まずは「見習い」からはじめ、次に「中間生」へ、さらに「技術者」へとステップアップしていかなければ、一人前になれない。

見習い期間は2〜3年で、平均月収は14〜18万円。仕事内容は、受付業務や掃除、使用済みタオルの洗濯などの雑用。仕事の後も、シャンプー練習会に参加するなど、拘束時間はひじょうに長い。

中間生になれば、月給は20万円ほどに上がるが、それでもまだ客の髪を切ることはできない。カラーリングの手伝いやブローなどの仕事がメインで、閉店後はカット練習を夜遅くまでしなければならない。テストに合格して、ようやく技術者になれるのだ。

技術者になったら、どれくらいの給与がもらえるかというと、平均月収30万円ほど。腕がよく指名の多い美容師なら、指名料の半分が入ってくるので、基本給にプラスすると、月に40〜50万円くらいの収入になる。

人気の仕事だったレースクイーンの近頃のお金事情とは？

今は懐かしいバブルの時代の話だが、レースクイーンは芸能界への登竜門だった。高島礼子、飯島直子らは、いずれもレース場から、芸能界へと転身を遂げた女性たちだ。

しかし、今となっては昔の話。チームやスポンサーの宣伝活動がレースクイーンの主な仕事だが、レース業界そのものが不況の上に、「性差別」という声が強く、世界的にも廃止したり、呼称を変更したりという流れになっている。

熱烈なファンやマニアもいるが、レースクイーンからタレントや芸能界入りというルートは狭き門となり、そもそも、レースクイーンだけでは食べていけないのが現状だ。

じっさい、かつて1日数十万円という時代もあったバブリーなギャラも、今は日当が1～2万円程度。しかも、レースは月に1回で2日間。どう考えても、レースクイーンとしての収入だけで食べていくのはムリだ。

ところが、薄給にも関わらず、いまだにレースクイーンになりたいという女の子が多いとか。「なぜ？」と思ったら、レースクイーンという肩書きがあれば、ほかのアルバイトで稼げるからだ。イベントでも、レースクイーンを派遣すると、ふつうのコンパニオンを派遣するときとはギャラが変わってくる。事務所のほうも、レースクイーンがいれば売りになるので、肩書きを持っていると、事務所での扱いがよくなるという。

イベントのほか、彼女たちの大きな収入源となるのが「撮影会」。コスチュームに着替え、スタジオなどでファンとふれあいながら、撮影会をするというものだが、この日当が1日数万円。あとは、グラビア、ＣＭの仕事をしているコもいる。

ただし、それは人気がある場合。肩書きがあっても、それを生かせない人は、アルバイトをしていたりする。

一部の人気者を除外すると、年収は決して高いとはいえない。彼女たちの年収はその他のアルバイトを含めても、せいぜい３００～４００万円がいいところ。見た目の華やかさにしては、日々の暮らしもラクではなさそうだ。

いま一番稼いでいるライターはどんな仕事をしている？

「ライター」という言葉がつく職業には、大きく分けて、広告の世界で仕事をするコピーライター、ストーリーをシナリオ形式で書くシナリオライター、何にもつかないライターの三つがある。いずれも文章を書くのが仕事だが、仕事の内容はまったく異なるといっていい。

たまに「メインは雑誌ライターだけど、ときどき芝居の脚本を書いている」とか、「コピーライターだけど、雑誌や単行本のライターもしている」というマルチな人もいるが、基本的には別の職業だ。

では、この三つのうちのどのライターが一番収入がいいのだろう。立場をフリーランスに限って言えば、答えは「三つとも似たようなもの」だ。ヒットメーカーなら稼げるし、そうでないなら稼げない、当たり前である。

ただ、手がけた仕事がヒットした場合、一番収入が大きくなるのは、シナリオライターだろう。自分の書いたテレビドラマやアニメがヒットすると、脚本のギャラはもちろん、それ以外の副収入が入ってくるからだ。

近年では、ヒットしたドラマやアニメは、その多くがＤＶＤ化・Blu-ray化されるので、売れ行き次第では、高額の印税が入ってきて、年収が1億円に達することもある。

それに対して、コピーライターは、書いた広告コピーが話題になってもＤＶＤ化されることはないし、ライターにしても、本を書いてヒットすればその分の印税が入ってくるが、ＤＶＤ化という副産物はない。その点、映像媒体に携わる脚本の世界は、一発当てれば大きいのだ。

とはいえ、シナリオで年収1億円も稼げる人は、業界のなかでもほんの数人。仮に連続ドラマの仕事が来たとしても、視聴率を稼げなければ、次の仕事はこなくなってしまう。デビュー作1本はドラマ化されたが、その後はめっきり声がかからない、という人も少なくない。

シナリオライターを名乗っていても、本業とは別のアルバイトで生計を立てているケースも少なくない。シビアな世界なのである。

プロ野球の代理人の報酬は一体いくら？

２０２４年、ドジャースの大谷翔平、山本由伸、カブスの鈴木誠也、今永昇太など日本人メジャーリーガーは11人を数える。

プロ野球選手がメジャーリーグへ移籍したり、チームを変わるとき、必ず話題にのぼるのが、その契約金額だ。そうした契約のさい、選手に代わって年俸や詳細な契約事項の交渉をするのが「代理人＝スポーツエージェント」の仕事である。契約をまとめると、どれくらいの報酬を得られるかというと、これは一概にはいえない。代理人制度のあるメジャーと、代理人を弁護士に限っている日本のプロ野球界では、報酬額がまったく違うのだ。

メジャーの場合、代理人の成功報酬は、選手の年俸の５％までと決められている。大型の契約にこぎつければ報酬も増えるわけだ。

一方の日本のプロ野球は、代理人資格は弁護士に限られているほか、同時に複数のクライアントを抱えることは認められない、などのルールがある。

新人落語家が食べていけるしきたりとは？

「最近は落語がブーム」という声をきくようになって、しばらく経つが、あいかわらず人気落語家のライブチケットは取りにくい状態が続き、平日昼間の寄席も混んでいる。ブームは静かに続いているといえそうだが、売れっ子落語家になったらどれくらいの収入が得られるのだろうか？

これには、二つのパターンがある。ひとつは、落語家兼タレントの二足のワラジで稼いでいるタイプで、桂文枝（三枝）、笑福亭鶴瓶などがその代表。彼らのように、テレビへの露出度が高ければ、巨額の収入になるが、収入の多くは「テレビタレント」によるものだ。

一方、落語での収入だけに絞ってみると、年収は最高でも5000万円あたりが限界。しかも、実力も人気もあって、DVDや本を出すたびに売れなければ、この収入には届かない。

では、知名度も人気もない〝その他大勢〟の落語家はどうだろう。そういえば、落語家の下積み時代のエピソードに、「コンビニとか、工事現場のバイトで食いつないでいた」という話はあまり耳にしない。落語家の場合、漫才の若手と違って、話芸で食べられないうちは、師匠が面倒を見てくれるから、若手でもそれなりに暮らしていけるのだ。

落語の世界（東京）に前座、二つ目、真打の3クラスがあることは、よく知られているが、入りたての前座のうちは、ほとんど高座に上がるチャンスはなく、寄席の下働きが主。これで、月に7～8万円くらいの手当てが出る。師匠らからお年玉やご祝儀をもらったりするから、なんとかやっていけるのだ。

だが、二つ目から先になると、実力の世界。そのため、二つ目になると、前座時代よりも、かえって生活が苦しくなることもある。

落語家にとっての主戦場である寄席の出演料は、総入場者を出演者の数で割って1人分の単価を決めるが、これが1日1万円として10日で10万円。決して多くはなく、収入の柱となるのは、寄席以外の仕事なのだ。

たとえば、ホール落語と呼ばれる落語会や、イベントや披露宴の司会。そうしたギャラが主な収入源となるが、それでも二つ目クラスには年収１００〜２００万円程度の人がゴロゴロいる。だが、ここが踏ん張りどころ。せっせと芸を磨き、晴れて真打に昇進すれば、年収４００〜５００万円は稼げるようになる。

テレビタレントのギャラってどれくらい？

テレビタレントのギャラには、人気やキャリアによって雲泥の差がある。たとえば、民放のゴールデンタイム１時間番組１回分のギャラでいえば、最低ランクの出演料は２万円。中堅クラスは20〜50万円、トップクラスは２００万円以上。最低と最高の差はじつに１００倍になる。

トップクラスと呼ばれるのは、むろん明石家さんまら、ＭＣをつとめ、視聴率を取れるタレントのこと。

一方、ギャラの安いことで知られるＮＨＫはどうだろうか。誰もが知っている大物俳優クラスでも、出演料は1時間20万円ほどと見られる。

民放のギャラが高すぎるのか、ＮＨＫが安すぎるのか、一概にはいえないが、不思議なのは、ギャラが安くてもＮＨＫに出たがる人が多いことだ。その大きな理由は、ＮＨＫは全国区の放送だから。宣伝料と思えば、ギャラが安くても十分な見返りを期待できるのだ。

ホテルのマッサージ代は、どう配分される？

出張先のホテルで、マッサージを頼むのを楽しみにしているビジネスマンは少なくない。土地のグルメや酒を楽しむにしても、1人ではつまらないし、商談や営業で遅くまで働いた後、繁華街に繰り出すのは正直シンドイ。そんなとき、部屋にマッサージを呼んで、体の疲れを癒してもらうわけだ。それに、客室内なら、マッサージを受けた後、そのままベッドでぐっすり眠れる。そんなちょっとした贅沢が味わえるのが、客室マッサージの魅力だ。

ところで、ホテルのマッサージには、外部の治療院がマッサージ師を派遣するケースと、治療院があらかじめホテルと委託契約して、マッサージ師がホテル内に詰め、予約待ちをしているケースがある。どちらにしても、町でよく見かけるクイックマッサージよりは多少割高である。

とはいえ、一流ホテルでも、利用時間は10時〜深夜2時までで、料金は50分で6000円ぐらい。館内の女性用エステサロンには軽く1万円を超えるコースもあることを思えば、客室マッサージは比較的安い気がする。

そこで気になるのが、マッサージ師の報酬。彼らは、どれくらいもらっているのだろうか。シロウト考えだと、町の治療院で働くよりも、一流ホテルのマッサージのほうが実入りはよさそうに思えるが、そんなことはない。

たとえば、客が支払う料金が5000円だとすると、そのうち3割が委託契約している治療院のマージンになる。さらに、ホテル側が1〜2割を手数料として取る。マッサージ師の取り分は、残りの2500〜3000円程度だ。

ホテルでのサービスは深夜におよぶうえ、ギャラはさほどよくない。近年は、そういう厳しい条件下で働きたいというマッサージ師が少ないため、どこのホテルもマッサージ師の確保が難しくなっているという。

探偵の収入っていくらなの？

探偵社というと、テレビドラマに登場する探偵をイメージする人が多いだろう。古びたビルの一室に小さな事務所を構えていて、従業員はゼロか、いるとしても事務のおばさんが1人。依頼がくれば、いろいろな方法で調べまわり、尾行や見張りのために徹夜仕事もする。

そうしたドラマのイメージは、けっこう現実に近いものがあるようだ。探偵社を対象にした実態調査によると、探偵社のほぼ半数は、従業員2人以下の小さな事務所で、営業年数も5年以下のところが多い。なかには、全国に支社を展開したり、何十年も継続して営業している大きな探偵社もあるが、全体から見ればわずかだ。

仕事の中身は、依頼者のニーズに応じるため、多種多様。一般に多いのが浮気調査、結婚調査、人探し、企業の採用調査。最近では、ストーカー調査の依頼が増えているという。

いずれにしても探偵を雇うには多額の費用がかかる。たとえば、浮気調査なら一般に5〜6日で30〜60万円くらい。調査員2人で4時間尾行や張り込みをすると、基本料金は6〜10万円。しかし、〝ホシ〟が不倫相手とホテルに泊まったりすれば、超過料金・深夜料金が必要になり、100万円以上かかることもある。

探偵料がなぜ高いかというと、人件費がかさむから。張り込みの場合、ときにはホテルの出入り口をすべて探偵社のスタッフでおさえることもあるし、車での尾行は複数で行うため、どうしても費用が高額になってしまうのだ。

それでは、探偵の収入はどれくらいかというと、これはハッキリいって腕次第。浮気調査や結婚調査では、主に尾行が仕事になるが、これは頭を使っていかに証拠をあげるかが、報酬アップのポイント。ベテランになると、時給にして3000円以上は稼ぐというから、10時間張り込んで3万円だ。

ただし、待っているのは、ひたすら忍耐の時間。雨の日も風の日もカメラ、ケータイ、無線機を持って尾行、張り込みの日々である。それで日給3万円を高いと思うか安いと思うかはその人次第だが、体力と根気がないと、とても務まる仕事ではない。

お坊さんの収入の内訳は……？

お坊さんの収入は、ピンからキリ。月収5万円の人もいれば、１０００万円の人もいる。檀家の数、僧侶としての位も関係するし、お坊さん専業で食べているのか、それともふだんは会社のサラリーマンで、土日だけ僧侶に〝変身〟する二足のわらじ型なのか、人によってさまざまだからだ。

ただ、どんなお坊さんにも共通しているのは、収入の多くを占めるのが「お布施」であるという点。それにも、一応〝相場〟のようなものがあるにしても、僧侶から価格表を見せるわけにはいかない。基本的に檀家や信者の〝お志《こころざし》〟にかかっているから、収入は不安定にならざるをえない。

また、よく知られているように、戒名料にも相場のようなものがある。巷間では、戒名のランクは、お布施の金額によって決まるといわれ、宗派によっても異なるが、「信士・信女」とつく戒名は15～30万円、「居士・大姉」とつけば30～50万円、「院」

号は50～100万円、「院殿」号なら200万円以上、最高位の「院殿大居士」はなんと500万円のお布施が必要といわれる。

また、寺院に墓を建てる場合は、永代使用料という名目で、数百万円単位のお金が寺の収益となるし、檀家の誰かが亡くなれば、葬式、初七日、四十九日、一周忌、三回忌、七回忌、十三回忌の法要が営まれ、お寺にはそのたびにお布施として5万～数十万円が入ってくる。1年に20軒の依頼があるとすれば、1回5万円だと年間100万円、1回10万円なら200万円の収入になる。

ただ、最近は、檀家の数が減少し、経営難に陥っている寺院が少なくない。なかには、葬儀会社の社員となり、年収400～500万円で「葬式専門のお坊さん」をしている人もいる。

なお、僧侶の仕事は「お経を読むだけ」で元手がいらないと思われがちだが、出ていく金もけっこう大きい。寺院の住職だと、本山に上納金をおさめたり、敷地や庭のメンテナンス、本堂の修理や僧侶の衣装である袈裟代も数十万円はかかる。もっとも効率よく稼いでいるのは、質のいい檀家を数多く抱えていて、父親が住職、息子が副住職をしているような中堅クラスの寺院だという。

特集 2

経済の基本

会社のしくみ編

Go Behind Prices to See
the Current Economy

「株式」は、そもそも何のためにあるのか？

株式は、新しく会社を設立したり、新しい事業をはじめるとき、まとまった資金を集めるために発行する有価証券のこと。会社は、出資してくれる人（投資家）からお金を集め、その証拠として「株式」を発行する。

こうして、株式によって集めたお金は、債券などの借金とは違って、返済期限がない。会社は、集めた資金を事業に投資して利益を求め、その事業で得た利益の一部を出資比率に応じて株主に分配する。それが「配当」と呼ばれている。

もちろん、投資した事業が赤字になることもあり、その場合は無配となることが多くなる。さらに、会社が廃業したり、経営が破綻すれば、株式の価値がゼロになることもある。

ただし、会社が倒産しても、株主の責任は有限であり、出資額以上の損失を被ることはない。たとえ、会社に多額の債務が残っても、株主はその債務に対する責任を問われない。

「株式」のそもそものはじまりは？

株式の起源については、さまざまな説がある。たとえば、複数の商人が出資して契約を結び、団体を組織したという例は、シルクロード時代のキャラバン隊にすでに存在した。また、ヨーロッパでは、航海ごとに資金を出資して、その航海で得られた資金を分配する制度が中世から存在した。

ただ、株式を多数の人々から資本金を集めるために発行する証券とするなら、世界で初めて複数の人に証券を発行して資金を集めたのは、オランダ東インド会社である。そこで、株式の起源は、17世紀に創設されたオランダ東インド会社にあるというのが、もっとも有力な説とされている。

オランダ東インド会社は、1602年に創設された。当時のオランダは、スペインと対立し、スペインによる貿易制限や船舶拿捕《だほ》などの経済的圧迫に苦しんでいた。それを打開するために、オランダは独自のアジア航路を開き、ジャワ島を中心とした東南アジアとの取引を本格化させた。そのなか、政治家のオルデンバルネフェルトが、複数の商社をまとめて、オランダ連合東インド会社を設立した。

それまでのヨーロッパでは、航海ごとに「座」を開いて、出資者を募るのが習慣だった。そして、その船が香辛料などを運んで無事に帰還し、利益が出ると、それを出資者に分配するという「当座会社」と呼ばれる形態をとっていた。

だが、船を建造するにしても、事前に莫大な資金が必要だし、航海に出れば、遭難したり、海賊におそわれることもある。そのため、大金を出資しても、まったく利益を得られないことがよくあった。

そこで、オランダ東インド会社では、もし船が災難に遭っても、出資者一人ひとりのリスクを少なくするため、また恒常的な活動を目的に、できるだけ多くの人から出資を募ることにした。このとき、出資者に対して発行した証明書が、世界で初めての〝株券〟ということになる。

ちなみに、日本初の株式会社は、1872年に制定された「国立銀行条例」に基づいて1873年に設立された「第一国立銀行」だ。

兜町が株の町になったのは?

東京の日本橋兜町といえば、ニューヨークのウォール街、ロンドンのシティと並ぶ世界の三大金融街。街の中心には、テレビのニュース番組でもおなじみの東京証券取引所があり、周囲に有名な証券会社や銀行のビルが建ち並んでいる。

兜町が、日本を代表する金融街となったのは、日本資本主義の育ての親といわれる渋沢栄一が、この地を国際貿易の中心にしようと考えたことを発端とする。

渋沢は、現在の兜町からは少し離れた隅田川河口付近に、国際貿易港の建設を夢見ていた。それが実現すれば、地の利のよい兜町一帯は、国際貿易の中心地となる予定だった。

この計画に基づき、渋沢のリーダーシップで、兜町界隈では、明治6年（1873年）に日本最初の近代的な銀行である第一国立銀行が開業したのを皮切りに、三菱社、三井物産、東京海上火災保険などの大企業がつぎつぎと創業する。さらに、株式取引所、銀行集会所、商業会議所といった経済機構や、『日本経済新聞』の前身である『中外新報』などの経済ジャーナリズムも、この地で産声をあげた。

ところが、渋沢の夢は中途で頓挫し、兜町が国際貿易の中心地となることはなかった。ただ、株式取引所は設けられていたことから、証券業者が寄り集まり、株式取引の中心地として発展することになった。

ちなみに、兜町という地名は、平将門の兜を埋めて塚としたところを「兜山」と呼んだことに由来する。かつては沼地だったが、江戸時代に埋め立てられ、大名の屋敷町となった。「兜町」と名づけられたのは、明治になってからのことだ。

株の値段が毎日変化するのは？

投資家が出資した証拠に、会社から発行された株は、特殊な場合を除いて、他人への譲渡が可能である。また、証券取引所に上場された株は、原則として証券会社を通して売買取引できる。そのさいの株価は、売りたい値段と買いたい値段が折り合ったところで決定する。

たとえば、ある会社の株を1000円で売りたい人がいるとする。ちょうど、その値段で買いたい人がいれば、1000円で売買は成立する。しかし、1000円で買う人がいなければ、売り手は売り値を下げるしかない。反対に、1000円で買いたいという人が多ければ、売り手は買い手が絞られるまで値段を上げていくことができる。上場株の値段が毎日刻一刻と変化するのは、証券取引所でこうした株の取引が行われているからである。

その取引で、ある会社の株を1000円で買って、1カ月後に1100円で売ったとすれば、1カ月で1株当たり100円の儲けとなる。一度に1000株の取引をすれば、1カ月で10万円を稼ぐことができる。

もっとも、ある株を1000円で1000株買って、1カ月後に900円でしか売れなければ、1カ月で10万円の損失となる。さらに、その会社が倒産したりすると、株価はゼロになってしまう。

「機関投資家」とは、誰のこと?

「投資家」は、株式などの有価証券やファンドなどにお金を投資して、持ち金を増やそうとする団体や個人をいう。

銀行預金が超低金利なうえに、インターネットで気軽に株式投資ができるようになって、今や、サラリーマンやOL、主婦、学生からご隠居までもが投資家となっている時代だが、その投資家は、「個人投資家」「機関投資家」の二つに大きく分けられる。

個人投資家は、ＯＬや学生など、自己資金で投資をしている一般人のこと。それに対して、機関投資家は、組織の持つ資産を投資する法人や団体のことを指す。

代表的な機関投資家としては、生命保険会社、損害保険会社、銀行、証券会社、年金基金、投資顧問会社、ヘッジファンドなどがある。また、一般企業や国、地方公共団体、宗教団体にも、機関投資家として投資しているところがある。

たとえば、生命保険会社は、契約者から毎月保険料を受け取る。しかも、生命保険は契約期間が長いので、保険料は長期にわたって定期的に支払われる収入分となり、それが生命保険会社の資産となっている。一方、その莫大な資産をどう増やすかが、生命保険会社にとっての重要な仕事のひとつなので、日常的に機関投資家として活動しているわけである。

個人投資家に比べ、機関投資家の投資額はケタ違いで、1回当たりの売買金額も大きい。それだけ株価や金利、外国為替レートなどの動向に多大な影響力を持つ。

「ファンド」って、何のこと？

近年、個人の資産運用をめぐって、よく耳にするようになったのが、「ファンド」という言葉である。もともと、ファンドとは「運用資金」のこと。現在では、資産を運用したい人からお金を預かり、さまざまな形で投資を行って、そこから得た利益を運用者に還元する仕組みが、そう呼ばれている。

もっとも身近なファンドは、証券会社や銀行の窓口を通じて投資する「投資信託」だろう。資産運用の専門家（ファンドマネージャー）が、多数の投資家から資金を集め、上場株式や公社債に投資して運用するファンドだ。銀行預金と違って、元本が保証されているわけではないが、資産運用の専門家に運用をまかせることで、投資家の負担やリスクは減る。

現在は、国債などへの投資を中心としたローリスク・ローリターン型のものから、株式先物を駆使したハイリスク・ハイリターン型のものまで商品化され、投資家の好みに合わせて選ぶことができる。

また、それらのファンドのうち、限られた投資家から資金を集め、「デリバティブ」と呼ばれる最新の金融手法などを活用して運用し、ハイリターンを狙うものが「ヘッジファンド」である。もともと、「デリバティブ」は、為替差損や先物取引の危険を回避するための金融技術だったが、コンピュータの進歩で複雑で高度な投機テクニックへと発展。ヘッジファンドは、その最先端の金融手法を駆使して、損失の回避（ヘッジ）に努めながら、高利回りを追求している。

ヘッジファンドの多くはアメリカにあり、1990年代から多くのヘッジファンドが莫大な利益を生んできた。だが、巨額の投資によって、世界の為替市場などで大きな影響力を持ったことなどで、国際的な経済混乱が起きるたびに、「ヘッジファンドが裏で動いた」というような話が、金融界で流れるようになった。

ほかには、新興企業へ投資する「ベンチャーファンド」や、経営難の企業に投資して再建を待ち、株式の売却益を狙う「再生ファンド」などがある。

さらに、事業そのものに投資する事業ファンドには、映画の製作や競走馬の育成に投資する「現物ファンド」、アニメーションやゲームソフトなどの著作権ビジネスに投資する「コンテンツファンド」がある。その他、不動産に投資する「不動産ファンド」、新興国の優良企業の株などに投資する「新興国ファンド」などもある。

「倒産」と「破産」はどう違う？

「会社が倒産した」と「会社が破産した」という言い方は、日常的にはほとんど区別なく使われているが、厳密にいえば、「倒産」と「破産」は別の意味の言葉である。

倒産は通常、会社の振り出した手形が、期日に決算できなくなった時点で表面化する。金額には関係なく、100億円でも、10万円の手形でも、不渡りになってしまうと、銀行取引が停止される。つまりは、倒産である。

会社が倒産すると、通常、債権者が集まってきて、「どうしてくれるんだ」と騒ぎになる。

そのさい、債権者に理解があって、企業を存続させながら、少しずつ債権を回収していこうという話になることもあるが、会社の存続が認められなければ、工場や備品、商品などの財産を処分して、債権者で分け合うことになる。これは「清算型整理」と呼ばれている。

法的には、この清算型整理が、破産法に基づいて進められるとき、会社の「破産」と呼ばれる。裁判所から破産宣告され、裁判所によって選ばれた管財人が整理に当たることになる。つまり、倒産は会社がつぶれた状態のことであり、破産は倒産したときに行われる手続きのひとつというわけである。

ちなみに、個人が借金が返せなくなったり、クレジットカードの利用分を返済できなくなるのは、会社でいう倒産と同じような状態である。

そういう状態になったとき、裁判所に申し立てをして、破産宣告を受けることを一般に「自己破産」という。

◆参考文献

『世界経済100の常識』日本経済新聞社編／『日本経済100の常識』日本経済新聞社編／『経済のしくみ100の常識』日本経済新聞社編／『日経大予測2009』日本経済新聞社編（以上、日本経済新聞社）／『現代用語の基礎知識』（自由国民社）／『基本用語からはじめる日本経済』第一勧銀総合研究所編（日経ビジネス文庫）／『経済のニュースが面白いほどわかる本（日本経済編）』細野真宏（中経出版）／『経済・金融データを読み解く67の指標』大和総研情報管理部（かんき出版）／『日々の経済ニュースがすぐわかる本』池上彰（講談社）／『牛丼一杯の儲けは9円』坂口孝則（幻冬舎新書）／『世界経済危機』金子勝、アンドリュー・デウィット（岩波ブックレット）／『謎ときいまどき経済事情』日本経済新聞社編／『エコノ探偵団の大追跡』日本経済新聞社編（以上、日本経済新聞社）／『危ない取引先の見分け方』（株）帝国データバンク情報部（中経出版）／『おもしろ街角経済学』鈴木雅光（ぱる出版）／『定価の構造』内村敬（ダイヤモンド社）／『これが原価だ!!』山中伊知郎（インターメディア出版）／『ニュース報道の常套句』大谷昭宏編著（日本実業出版社）／『DIME』／『日経トレンディ』／『SPA!』／朝日新聞／読売新聞／毎日新聞／日本経済新聞／ほか

※本書は、2009年に小社より刊行された『ウラから読むと面白い「お金と経済」の大疑問』を改題の上、新たな情報を加えて再編集したものです。

青春文庫

お金《かね》に強《つよ》い人《ひと》の「値段《ねだん》」の見方《みかた》

その数字《すうじ》には、理由《りゆう》がある

2024年6月20日　第1刷

編　　者　ライフ・リサーチ・プロジェクト

発行者　小澤源太郎

責任編集　株式会社プライム涌光

発行所　株式会社青春出版社

〒162-0056　東京都新宿区若松町 12-1
電話 03-3203-2850（編集部）
03-3207-1916（営業部）
振替番号　00190-7-98602

印刷／大日本印刷
製本／ナショナル製本

ISBN 978-4-413-29853-7

ほんとうのあなたに出逢う ◆ 青春文庫

小学生なら解けるのに！
大人は手こずる
ゆるクイズ

あなたの脳は何歳まで若返る？
〝やわらか頭〟に大変身の100問

知的生活追跡班［編］

(SE-851)

日本の2000年史
その時、中国はどう動いた？

〝意外な関係〟を歴史でひもとく――
豊臣秀吉の「明征服計画」ってどこまで本当？　ほかエピソードで読む日中関係史

歴史の謎研究会［編］

(SE-852)

お金に強い人の
「値段」の見方

その数字には、理由がある

モノの原価から、あの人の〝ふところ事情〟、経済の基礎知識まで、ウラもオモテもわかる本

ライフ・リサーチ・プロジェクト［編］

(SE-853)

世の中は、
「暗黙のルール」に
満ちている

〝見えない壁〟の内側で、そんなことが起きていたのか。「あの業界」の不思議なタブーの数々に、とことん迫る。

㊙情報取材班［編］

(SE-854)